If there's one thing golf demands above all else, it's honesty.

Jack Nicklaus

Verlag:	Artigo Publishing International Artigo GmbH Am Wasser 55 CH-8049 Zürich Telefon: +41-43-3215555 Telefax: +41-43-3215556 E-Mail: info@golfregeln.eu www.golfregeln.eu
Text:	Yves C. Ton-That
Illustrationen:	Roland Hausheer/Yves C. Ton-That
Umschlag/Layout:	Arts & Media
Foto:	Reto Zimpel

Herausgegeben 2009

ISBN 978-3-909596-28-7

Yves C. Ton-That

Soll ich besser legen oder was ...?

Amüsante Geschichten zu den Golfregeln
Band III

1. Auflage

Autor

Yves C. Ton-That (Handicap 5) ist Autor mehrerer preisgekrönter Golfbücher und unzähliger Fachartikel. Zudem hat er diverse weitere Produkte (DVD, iPhone Applikation u. a. m.) rund um den Golfsport geschaffen. Seine Werke sind inzwischen in über 20 Sprachen auf der ganzen Welt erhältlich.

Besonders bekannt ist Ton-That für seine Fähigkeit, die Regeln auf leicht verständliche Art zu erläutern. Er gilt als einer der führenden Experten auf diesem Gebiet und wird oft als „Regelpapst" bezeichnet. Er ist offizieller Schiedsrichter, studierter Jurist und lebt und arbeitet in Zurich.

Vorwort

Liebe Golferin, lieber Golfer,

manchmal frage ich mich, ob es nicht ratsamer wäre, einen Anwalt anstelle eines Caddies mit auf die Runde zu nehmen. Das offizielle Regelbuch umfasst beinahe 300 Seiten Kleingedrucktes, und dazu gibt es ein Buch mit 1265 Präzedenzfällen, die sogenannten Decisions. Wie soll man sich das alles merken und gleichzeitig einen Bewegungsablauf ausführen, der zu den schwierigsten im Sport zählt?
Zum Glück müssen Sie nicht alle Regeln auswendig kennen, denn ein großer Teil von ihnen kommt in den meisten Runden nicht zur Anwendung. Und selbst wenn Sie einmal nicht weiterwissen sollten, können Sie nach Regel 3-3 zwei Bälle spielen und sich hinterher im Clubhaus schlaumachen.
Die wichtigsten Regeln sollten Sie freilich schon beherrschen, denn das erwarten einerseits Ihre Mitspieler, und andererseits wird es sich vorteilhaft auf Ihr Spiel auswirken. Damit Sie sich diese auf unterhaltsame Art und Weise in Erinnerung rufen können, habe ich den vorliegenden dritten Band meiner Regelstorys verfasst.

Viel Spaß beim Lesen und allzeit schönes Spiel wünscht

Yves C. Ton-That

Literatur

Das vorliegende Buch stützt sich auf folgende Werke:

„Offizielle Golfregeln 2008–2011"
Herausgegeben vom Deutschen Golf Verband e.V. als vom R&A Rules Limited lizenzierte Übersetzung.

„Entscheidungen zu den Golfregeln 2008–2009" (Decisions)
Herausgegeben vom Deutschen Golf Verband e.V. als vom R&A Rules Limited lizenzierte Übersetzung.

Inhalt

Soll ich besser legen oder was ...?

Golf mit motorisierten Carts zu spielen mag ich nicht besonders. Vielleicht bin ich da etwas altmodisch, aber für mich gehört das Zufußgehen einfach zum Golfspiel dazu. Natürlich gibt es Plätze, auf denen dies wegen der Topografie oder der Temperaturen gar nicht möglich ist, doch in unseren Breitengraden ist das eigentlich kaum der Fall. Daher kenne ich hierzulande nur wenige Leute, die fahrend Golf spielen, und wenn, dann sind sie bereits über 90 oder haben eine körperliche Behinderung. Bei den anderen führe ich es darauf zurück, dass sie vermutlich zu viele amerikanische Filme gesehen haben.

Und genau so einen hatte man mir an jenem schönen Frühlingstag zugelost, denn als ich am Abschlag eintraf, fand ich dort einen fit aussehenden Mittvierziger vor, der mit lässig übereinandergeschlagenen Beinen in einem Golfcart saß und etwas in seinen BlackBerry tippte. „Spielen Sie auch um 9.20 Uhr?“, fragte ich. Doch anstatt auf meine Frage zu antworten, meinte er, ohne aufzublicken: „Eine Sekunde noch.“ Ich nutzte die Zeit, um mich beim Starter vorzustellen und, nachdem kurze Zeit später der dritte Mitspieler eingetroffen war, mich mit diesem bekannt zu machen. Er hieß Stefan.

Plötzlich bequemte sich Mr. BlackBerry doch noch zu uns. „So, E-Mail verschickt“, erklärte er geschäftig und stellte sich dann als Jarek vor. Er sprach mit starkem Akzent. „Sie spielen mit Wagen, Jarek?“, fragte ich. Natürlich konnte ich sehen, dass er mit Wagen spielte, doch meine Frage zielte vielmehr darauf ab, herauszufinden, ob er ein Gebrechen hatte oder ob es andere Gründe für sein motorisiertes Golfspiel gab. Ja, entgegnete er, er spiele immer mit Wagen, sonst dauere es ihm einfach zu lange. Ich fragte mich, wie und wo er mit seinem Wagen Zeit sparen würde, solange die Spieler vor uns und insbesondere seine zwei Mitspieler zu Fuß spielten. Für mich ergab das keinen Sinn. Noch während ich so darüber nachdachte, fügte er vielsagend hinzu: „Zeit ist Geld. In meinem Job wenigstens." Dies veranlasste mich unweigerlich, zu fragen, was er beruflich tat, worauf er kurz und bündig antwortete: „Ich arbeite mit Geld." Da ich mir nichts darunter vorstellen konnte, nahm ich an, dass er sich falsch ausgedrückt hatte, denn sein Deutsch war mehr als holprig. „Sie arbeiten für Geld", hakte ich nach, „aber was genau machen Sie für Ihr Geld?" „Nein, nein", korrigierte er mich, „ich handle mit Geld." Da ich ihn nur fragend anblickte, erklärte er etwas ungeduldig: „Ich kaufe und verkaufe Geld." „Ach, Sie arbeiten bei einer Bank?", erwiderte ich und war froh, endlich begriffen zu haben. Doch Jarek verneinte erneut: „Nein, selbstständig. Eigene Firma. Kaufe Geld billig und verkaufe teuer." „Devisenhändler?", schaltete sich Stefan ins Gespräch ein. Jarek schüttelte erneut den Kopf: „Nur Bargeld." Wenn ich mich bis zu diesem Zeitpunkt noch bemüht hatte zu verstehen, womit er seinen Lebensunterhalt verdiente, so war nun der Augenblick gekommen, an dem ich es nicht mehr genauer wissen wollte. Es schien mir alles höchst suspekt, ganz besonders nachdem er mir erzählte, dass er aus dem ehemaligen Jugoslawien stamme, kanadische Staatsbürgerschaft besitze, in Monte Carlo Wohn- und Steuersitz habe und seine Firma in der Schweiz sitze. Es passte alles zusammen. Ach ja, und Mitglied war er in einem der bekanntesten und teuersten Golfclubs der USA, außerhalb New Yorks. Dort hatte er aber seit Jahren nicht mehr gespielt, da ihn die USA mit einer Einreisesperre belegt hatten. Das beunruhigte mich zwar nicht, gab mir aber insofern zu denken, als dass es bedeutete, dass sein Handicap 2.5 von der USGA geführt wurde. Das ist jener Verband, bei dem die Spieler ihre Schlagzahlen selbst deklarieren und dabei gewisse Freiheiten genießen.

Auszug aus dem USGA-Handicap-Reglement:

4-1 Unfinished Holes and Conceded Strokes

A player who starts, but does not complete a hole or is conceded a stroke must record for handicap purposes the most likely score. [...] There is no limit to the number of unfinished holes a player may have in a round [...]

[Nicht zu Ende gespielte Löcher und geschenkte Schläge

Ein Spieler, der an einem Loch abschlägt, es aber nicht zu Ende spielt oder einen Schlag geschenkt bekommt, muss zwecks Berechnung seines Handicaps jene Schlagzahl notieren, die er für die wahrscheinlichste hält. [...] Es gibt keine Höchstzahl solcherart nicht zu Ende gespielter Löcher ...]

Nach vielen Jahren Golferfahrung kann ich mit Bestimmtheit sagen, dass kein Putt so kurz ist, dass er nicht doch noch verschoben werden könnte. Von daher scheint mir das amerikanische Handicapsystem kaum dazu geeignet, das spielerische Niveau eines Golfers realistisch widerzuspiegeln. Für Optimisten und Träumer hingegen ist es die ideale Berechnungsmethode, um innerhalb kürzester Zeit zu einem fantastisch niedrigen Handicap zu gelangen. Ich war daher gespannt zu sehen, wie weit Jareks 2.5 von der Realität entfernt war.

Um es kurz zu machen: Sein Drive flog mit einem gewaltigen Hook die Bahn hinunter in einen Bereich, in dem sich sowohl eine Ausgrenze als auch ein Wasserhindernis befanden. „Ich schlage noch einen", erklärte Jarek, während er sich daranmachte, einen neuen Ball aufzuteen. Und dann fügte er an: „Titleist 3, prophylaktisch." Die Regeln verlangen zwar, dass man seinen provisorischen Ball ausdrücklich, am besten wörtlich, als solchen ankündigt, doch in Anbetracht von Jareks Deutschkenntnissen empfand ich es als durchaus legitim, seinen „prophylaktischen" als provisorischen Ball durchgehen zu lassen.

Decision 27-2a/1 Ankündigung eines provisorischen Balls

Frage: Ein Spieler schlägt seinen Ball in einen Bereich, in dem er außerhalb eines Wasserhindernisses verloren oder im Aus sein könnte. Der Spieler lässt dann einen anderen Ball fallen und spielt ihn. Diesen Ball betrachtet der Spieler als provisorischen Ball; er hatte es aber versäumt, seinen Gegner, Zähler oder einen Mitbewerber davon zu unterrichten, dass er einen provisorischen Ball zu spielen beabsichtigt. Kann in einer solchen Situation die Handlung des Spielers die Ankündigung eines provisorischen Balls darstellen?

Antwort: Nein. Regel 27-2a sieht ausdrücklich vor, dass der Spieler seinen Gegner, Zähler oder einen Mitbewerber unterrichten muss, dass er einen provisorischen Ball zu spielen beabsichtigt.

In dieser Unterrichtung muss der Spieler entweder die Worte „provisorischer Ball" ausdrücklich aussprechen oder eindeutig zum Ausdruck bringen, dass er entsprechend Regel 27-2a verfahren will. Folglich hat ein Spieler, der nichts sagt, einen anderen Ball ins Spiel gebracht.

Nachfolgend einige Beispiele für Erklärungen, die den Anforderungen bezüglich der Ankündigung eines provisorischen Balls ebenfalls nicht genügen

(a) „der könnte verloren sein. Ich lade nach."

(b) „der könnte weg sein."

(c) „ich werde wohl besser einen anderen spielen."

(d) „den finde ich nie wieder. Ich spiele noch einen."

Nachdem Jarek erneut abgeschlagen hatte, sprang er in seinen Wagen und brauste die Bahn hinunter. Stefan und ich folgten zu Fuß, und als wir ihn wenig später eingeholt hatten, fiel uns auf, dass Jarek nicht etwa ausgestiegen und beim Suchen war, sondern gemütlich in seinem Wagen saß. Wir nahmen daher an, dass er seinen Ball beim Heranfahren auf Anhieb gefunden hatte. Doch weit gefehlt: Er hatte noch nicht einmal mit Suchen angefangen. Er saß nur lässig in seinem Wagen und telefonierte. Als wir eintrafen, legte er immerhin auf und half uns bei der Suche nach seinem Ball. Es dauerte zum Glück nicht lange, bis ich ihn gefunden hatte: Er lag einen guten Meter im Aus. Als Jarek dies sah, ging er zurück zu seinem Wagen, und ich wunderte mich, weshalb er seinen Ball nicht aufgenommen hatte, da nun sein provisorischer Ball zum Ball im Spiel geworden war.

Regel 27-2b) Provisorischer Ball wird Ball im Spiel

[...] Ist der ursprüngliche Ball [...] verloren oder ist er im Aus, so wird der provisorische Ball unter Strafschlag und Distanzverlust (Regel 27-1) zum Ball im Spiel.

Musste ich, nachdem ich seinen Ball gefunden hatte, diesen nun auch noch aufheben und ihm hinterhertragen? Weil Jarek keinerlei Anstalten machte, zu seinem provisorischen Ball zu gehen, realisierte ich bald, dass er gar nicht daran dachte, seinen Aus-Ball aufzunehmen. Stattdessen parkte er den Wagen zur Seite, damit er freie Bahn zum Grün hatte, und kam mit einem Wedge zum Ball zurück. „Sie wollen den doch nicht etwa spielen?“, fragte ich. „Wieso nicht?“, kam prompt zurück. „Na weil der Ball im Aus liegt“, erinnerte ich. Jarek schaute mich ganz erstaunt an und meinte dann: „Ach so, ja stimmt. Ich muss ihn zuerst besser legen.“ Da mein Mund weit offen stand, erläuterte er: „Besser legen, zurück auf den Platz.“ „Nein“, rief ich entrüstet, „Ihr Ball ist im Aus und damit verloren. Sie erhalten einen Strafschlag und müssen den provisorischen weiterspielen." Ich konnte nicht fassen, dass ich einem Handicap-2.5-Spieler diese Regel erklären musste. Doch Jarek verzog keine Miene und meinte trocken, dass er überhaupt nicht einsehe, weshalb er bestraft werden solle, nur weil es dem Golfclub offensichtlich an Geld fehle, um genügend Land zu kaufen. Da Jarek den Ball bereits ansprach, fragte mich Stefan: „Was passiert, wenn er im Aus spielt? Gibt das zwei Strafschläge?" „Nicht nur das", antwortete ich energisch, „er riskiert, disqualifiziert zu werden."

Decision 15/6 Schlag mit einem im Aus liegenden Ball gespielt

Frage: Ein Spieler führt einen Schlag nach seinem Ball aus, der im Aus liegt. Wie ist die Regelentscheidung?

Antwort: Ein Ball, der im Aus liegt, ist nicht mehr im Spiel und deshalb falscher Ball [...]. Im Zählspiel hat er sich zwei Strafschläge zugezogen und muss nach Regel 27-1 verfahren [...].

[Aus Decision 27/8: Im Zählspiel ist er disqualifiziert, wenn er den Fehler nicht nach Regel 27-1 behebt, bevor er vom nächsten Abschlag spielt ...]

Meine Aussage ließ Jarek unbeeindruckt, im Gegenteil, er fragte, ob wir bald mit unserer Quatscherei fertig seien, da er sich sonst schlecht konzentrieren könne. Und dann fügte er an, dass es überhaupt keinen Spaß mache, mit so kleinlichen Leuten wie uns Golf zu spielen. Stefan und ich waren außer uns, doch Jarek bereitete sich unbeirrt auf seinen Schlag vor. Als er schließlich aufschaute, um einen vermeintlich letzten Blick zum Loch zu werfen, erstarrte er plötzlich und stürmte im nächsten Augenblick mit lautem „Neeein" auf uns los. Da ich befürchtete, er wäre nun übergeschnappt und wolle uns angreifen, ging ich rasch hinter Stefan in Deckung, doch Jarek raste nur an uns vorbei. Wir drehten uns verdattert nach ihm um und sahen gerade noch, wie sein Golfwagen die Böschung hinabrollte, ins Wasser klatschte und dann innerhalb weniger Sekunden im Teich verschwand. So ein Wagen muss ein unglaubliches Gewicht haben, denn bereits nach kürzester Zeit waren nur noch ein paar Luftblasen zu sehen.

Als wir am Teichrand angelangt waren, schimmerte lediglich das Weiß des Wagendachs durch das trübe Nass. Und weil Schadenfreude bekanntlich die schönste Freude ist, standen Stefan und ich mit stiller Genugtuung am Teich und freuten uns für Jarek. Natürlich dauerte es nicht lange, bis der Starter zur Stelle war, und wenig später kamen auch der Manager und der Pro, die per Funk informiert worden waren. Während alle herumstanden und diskutierten, wie der Wagen am besten zu bergen sei, bemerkte ich, dass hinter uns am Abschlag bereits drei Flights warteten. Nachdem ich den Starter darauf hingewiesen hatte, drängte der nun zum Weiterspielen. Zu meinem Erstaunen war

Jarek derselben Meinung. Bis der Wagen geborgen sei, dauere es sicher länger, daher wolle er sich rasch ein neues Golfset im Pro-Shop holen, ließ er uns wissen. Nun entbrannte eine hitzige Diskussion zwischen dem Starter und dem Manager, da Ersterer der Meinung war, dass Jarek damit das Spiel unterbrechen würde und daher zu disqualifizieren wäre, während Letzterer die Ansicht vertrat, dass ihm lediglich zwei Strafschläge wegen Spielverzögerung aufzubürden wären.

Decision 6-7/1 Spieler geht zum Abschlag zurück, um einen dort vergessenen Schläger zu holen

Frage: Ein Spieler erreicht das Grün und merkt, dass er seinen Putter auf dem letzten Abschlag hat liegen lassen. Er geht zurück, um den Putter zu holen. Falls dies das Spiel verzögert, hat sich der Spieler dann Strafe zugezogen?

Antwort: Ja. Regel 6-7 (Unangemessene Spielverzögerung) und nicht Regel 6-8a (Spielunterbrechung) trifft in diesem Fall zu.

Decision 6-8a/1 Spieler sehen sich nach neun Löchern 45 Minuten lang eine Fernsehübertragung an

Frage: In einem Zählspiel geht eine Spielgruppe nach neun Löchern ins Clubhaus und sieht sich 45 Minuten lang die Endrunde eines Golfturniers im Fernsehen an. Dann nimmt sie das Spiel wieder auf. Sollen die Mitglieder der Spielergruppe aufgrund von Regel 6-7 (Unangemessene Verzögerung) oder Regel 6-8 (Spielunterbrechung) bestraft werden?

Antwort: Die Bewerber sind nach Regel 6-8a zu disqualifizieren.

Nach langem Hin und Her einigten sie sich darauf, dass es darauf ankäme, wie viel Zeit Jarek auf die Auswahl seiner neuen Schläger aufwenden würde. Jarek, gewieft wie er war, stellte darauf hin klar, dass er mit keinerlei Strafe einverstanden wäre, da er nämlich das Spiel weder verzögern noch unterbrechen würde. Er wolle mit dem ihm verbleibenden Wedge so lange weiterspielen, bis ihm der Pro ein neues Schlägerset gebracht habe. Mit diesem Satz steckte er dem Pro ein Bündel Hunderternoten zu und wies ihn an, ihm ein neues Set zu besorgen – und zwar etwas Anständiges, wie er sich ausdrückte. Als er anfügte, dass der Pro einen Hunderter für sich behalten dürfe, strahlte dieser übers ganze Gesicht und wollte unverzüglich in Richtung Pro-Shop losmarschieren. Leider währte die Freude nicht lange, denn ich sah den Zeitpunkt als gekommen, einzuschreiten: „Ich muss Sie enttäuschen Jarek, aber Sie dürfen sich keine neuen Schläger für die Runde kaufen.“ Jareks Augen weiteten sich, doch ich fuhr unbeirrt fort: „Nach Regel 4-4 sind Sie auf die Schläger beschränkt, mit denen Sie die Runde angetreten haben. Nur wenn Sie mit weniger als 14 Schlägern gestartet sind, dürfen Sie welche hinzufügen, und nur wenn Schläger im normalen Spielverlauf kaputtgegangen sind, dürfen Sie sie ersetzen. Das Versenken im Teich ist aber sicher nicht als normaler Spielverlauf zu betrachten.“

Die Weihnachtsregel

Der erste Freitag des Jahres, an dem die Sommergrüns unseres Clubs wieder geöffnet waren, bedeutete gleichzeitig auch Eröffnung einer neuen Saison Freitagsgolf für meinen Freund Urs und mich. Da der Club ausgerechnet einen Freitagscup an diesem Datum ausgeschrieben hatte, entschieden wir, anstelle unseres üblichen Friendly Games an eben diesem Turnier teilzunehmen. Die Frage war nur: Wie konnten wir sicherstellen, dass wir gemeinsam im selben Flight spielen würden?

Wir beschlossen, die Dame im Sekretariat auf unsere Seite zu bekommen, und lehnten uns deshalb einige Tage vor dem Wettspiel lässig an den Empfangstresen, um sie mit allerlei Charme zu überzeugen. Da dies überraschend wenig half, versuchten wir, unserer Forderung mit materiellen Reizen Nachdruck zu verleihen: Ich bot ihr ein paar meiner Bücher an, von denen sie unverständlicherweise nichts wissen wollte. Urs versuchte es mit einem Möbelgutschein über 200 Euro, der auf großes Interesse stieß, bis er erwähnte, dass er nur ab einem Einkaufsbetrag von 5000 Euro eingelöst werden konnte. Irgendwann schüttelte die Sekretärin nur noch den Kopf und hielt uns verschmitzt die Startliste vor die Nase: „Ihr spielt sowieso zusammen, da ihr praktisch dasselbe Handicap habt!" Das hatten wir über den Winter glatt vergessen.

Mit uns spielte ein gewisser Kurt. Da Kurt und ich uns noch nie zuvor begegnet waren, stellten wir uns

ausführlich vor, und er erzählte mir, dass er mit Golf in Kontakt gekommen sei, als er vor ein paar Jahren als Ingenieur an einem Projekt in Schottland gearbeitet hatte. Er war besonders stolz darauf, das Spiel sozusagen in der Wiege des Golfsports erlernt zu haben.
Die Runde verlief ruhig und ohne nennenswerte Regelfälle, bis Urs an der Vierzehn seinen Ball in einen Grünbunker setzte. Sein Ball hatte sich so nahe an der Bunkerkante im Sand eingebettet, dass an ein Herauskommen gar nicht zu denken war. Zu meinem Erstaunen verlangte Urs, straflos droppen zu dürfen. „Wieso?“, fragte ich gespannt. „Ich muss hier in so seltsamen Fußspuren stehen“, klagte Urs, „dann bin ich doch im Stand behindert.“ „Ich glaube eher, du bist sonstwo behindert“, antwortete ich. Doch da Urs insistierte, bückte ich mich schließlich, um den Sand genauer zu untersuchen. Tatsächlich entdeckte ich geringfügige Spuren im Sand. Sie waren so minimal, dass sie das Spiel in keiner Weise erschweren konnten. Er wollte die Erleichterung nur, um von der Bunkerkante wegdroppen zu können. „Also was ist nun, bekomme ich straflose Erleichterung oder nicht?“, fragte er ungeduldig. „Nein“, antwortete ich, ohne näher darauf einzugehen. Doch Urs gab so schnell nicht auf: „Das ist eine Tierspur, und von denen gibt es meines Wissens straffreie Erleichterung – auch im Bunker, nicht wahr?“ Da ich ihm in diesem Punkt recht geben musste, schaute ich mir die Abdrücke

erneut genau an und fragte dann: „Um welches Tier handelt es sich denn deiner Meinung nach?“ „Ein Reh“, kam wie aus der Pistole geschossen, worauf ich aufatmend entgegnete: „Dann erübrigt sich die Diskussion, weil Rehe keine Erdgänge graben, nicht fliegen können und auch keine Reptilien sind.“

Erklärung „Ungewöhnlich beschaffener Boden“

Ungewöhnlich beschaffener Boden bezeichnet folgende Umstände auf dem Platz: Zeitweiliges Wasser, Boden in Ausbesserung oder Loch, Aufgeworfenes oder Laufweg eines Erdgänge grabenden Tiers, eines Reptils oder eines Vogels.

Urs machte eine nachdenkliche Miene. Er wusste, dass er sich mit seiner vorschnellen Behauptung selbst ins Abseits manövriert hatte. „Okay, Rehe graben vielleicht keine Erdgänge“, gab er zu bedenken, „aber dass sie nicht fliegen können, kann man so nicht sagen.“ Ich blickte ihn völlig entgeistert an, und er erläuterte triumphierend: „Schließlich ziehen sie doch den Schlitten vom Weihnachtsmann, oder etwa nicht?“ „Nein, tun sie nicht“, antwortete ich entnervt, „das sind Rentiere und keine Rehe.“ „Ah ja, stimmt“, bestätigte Urs und dachte wieder einen Moment nach. „Dachse wollte ich sagen“, korrigierte er sich dann, „ein Dachs hat diese Spuren hinterlassen, ganz klar.“ „Na gut“, erwiderte ich nun, „aber es gibt trotzdem keine Erleichterung, weil es sich hier nicht um ein

Loch oder Aufwerfungen handelt und auch nicht um einen Laufweg, sondern lediglich um Fußspuren. Du musst ganz klar zwischen Laufwegen und einfachen Fußabdrücken unterscheiden." Urs sah darin überhaupt keinen Unterschied, deshalb erklärte ich ihm diese Feinheit des Regelwerks: „Ein Fußabdruck ist ein einfacher, einmaliger Abdruck am Boden. Ein Laufweg im Sinn der Golfregeln hingegen entsteht, wenn Tiere immer wieder eine bestimmte Strecke zurücklegen und an dieser Stelle den Boden allmählich abnutzen – wie bei einem Trampelpfad."

Decision 25/19.5 Fußabdruck eines Erdgänge grabenden Tiers, eines Reptils oder eines Vogels

Frage: Ist der Fußabdruck eines Erdgänge grabenden Tiers, eines Reptils oder eines Vogels ein „Loch, Aufgeworfenes oder Laufweg" im Hinblick auf diese Begriffe in der Erklärung „Ungewöhnlich beschaffener Boden"?

Antwort: Nein. Bei einem Fußabdruck handelt es sich lediglich um eine Bodenunebenheit, von der keine straflose Erleichterung in Anspruch genommen werden darf.

Er schaute mich ungläubig an und schnaubte, dass das doch wieder einmal typisch sei: Da gebe es Unmengen von Regeln und Decisions, die Erleichterung in allen möglichen Fällen vorsähen, aber wenn er einmal einen Free Drop verlangte, dann gebe es irgendeine seltsame Ausnahme, welche dies zu verhindern wisse. Und was ihn am meisten störte, war, dass ausgerechnet ich als

sein langjähriger und treuer Golfpartner diese Ausnahmen jeweils kannte. Nach langem Lamento gab er sich aber doch noch geschlagen und machte sich daran, den Ball zu spielen, wie er lag.
Da er nicht recht wusste, welches das richtige Eisen wäre, nahm er gleich drei verschiedene mit in den Bunker, und nachdem er sich für einen Schläger entschieden hatte, legte er die beiden anderen fein säuberlich hinter sich im Sand ab. Plötzlich blickte er mich schelmisch grinsend an und fragte: „Sag bloß, dass ich das nicht darf, die Schläger in den Sand legen?" Er durfte. Die Regeln sehen dies ausdrücklich vor.

Regel 13-4 Ball im Hindernis, Unzulässige Handlungen

[...]

Ausnahmen:

1. Vorausgesetzt, es geschieht nichts, was Prüfen der Beschaffenheit des Hindernisses oder Verbessern der Lage des Balls darstellt, ist es straflos, wenn der Spieler [...] (b) seine Schläger in einem Hindernis hinlegt.

Urs war immer noch ganz verzweifelt aufgrund seiner Lage. Er sah einfach keine Möglichkeit, wie er den Ball über die hohe Bunkerkante spielen sollte. „Du hast doch ein Buch geschrieben mit lauter schlauen Tipps", meinte er plötzlich, „würde ich darin etwas finden, das mir in der jetzigen Situation helfen könnte?" „Ja, dass du dir besser ein feuchtes Tuch um Mund und Nase bindest, weil hier gleich ein Sandsturm aufzieht." „Ha, ha", meinte Urs lakonisch. Das war offensichtlich nicht das, was er hatte hören wollen. Während Kurt und ich nun zuschauten, wie Urs verzweifelt versuchte, seinen Ball aus dem Bunker zu spielen, und dabei Unmengen von Sand aufs Grün schaufelte, hakte Kurt nach: „Was ist das für ein Buch, das du geschrieben hast?" „Überleben auf dem Golfplatz", antwortete ich. Da er sich unter dem Titel nicht viel vorstellen konnte, erklärte ich ihm: „Darin findest du Tipps zu so nützlichen Themen wie ‚Zurückfinden zum Clubhaus', ‚Essbare Pflanzen im Rough' oder ‚Piesacken von Mitspielern'." Ich weiß nicht, welches der drei Beispiele es ihm besonders angetan hatte, doch er meinte, er müsse sich dieses Buch unverzüglich besorgen.

Am nächsten Abschlag flog Kurts Ball direkt ins Wasserhindernis. Um genau zu sein, in ein frontales Wasserhindernis, doch das wirklich Besondere daran war, dass die gelben Pfähle am Kopfende mit grüner Farbe versehen waren. Dies bedeutete, dass es sich hierbei gleichzeitig um ein geschütztes Biotop handelte. Wir nahmen an, dass Kurt noch einmal vom Abschlag spielen würde, aber zu unserem Erstaunen packte er seinen Wagen und stiefelte mitten durchs Naturschutzgebiet. „Hey Kurt", riefen wir, „das ist Naturschutzgebiet, das darfst du nicht betreten!" Doch Kurt ließ sich von unseren Protestrufen nicht beirren. Das sei ihm ganz egal, denn er habe einen V-Einser gespielt, und wir wüssten bestimmt, dass jeder dieser Bälle ein kleines Vermögen koste. „Das gibt's doch nicht", entrüstete sich Urs, „wenn einer versehentlich mal einen Fuß in Naturschutzgebiet setzt, kann ich das halbwegs verstehen, aber absichtlich hineinmarschieren und auch noch mitsamt dem Wagen – das geht zu weit." Dabei schaute er mich vielsagend an, sodass ich mich unverzüglich fragte, ob wir Kurt nicht ein paar Strafschläge aufbrummen konnten. Wir schauten auf der Scorekarte nach:

Pfähle mit grünem Top bezeichnen gleichzeitig ein geschütztes Biotop: Betreten/Spielen verboten.

„Na also", meinte Urs, „geben wir ihm zwei Strafschläge." Doch ganz so einfach war das nicht. „Ich weiß nicht", begann ich zögerlich, „das mit den Biotopen ist ziemlich kompliziert geregelt, da muss ich zuerst in den Decisions nachschlagen." Als ich die richtige Stelle gefunden hatte, unterrichtete ich Urs von meinen Erkenntnissen: „Wir können ihm keine Strafschläge für das Betreten geben. Betretungsverbote werden nicht durch die Golfregeln erfasst. Die Golfregeln regeln nur das Spiel, nicht das Herumlaufen auf dem Platz. Das heißt, wir können ihn erst bestrafen, wenn er unerlaubterweise aus dem Biotop herausspielt. Das reine Betreten hingegen gibt keine Strafschläge – höchstens eine Geldstrafe oder Disziplinarmaßnahmen."

Decision 33-8/42 Spieler betritt ein geschütztes Biotop, um seinen Ball zurückzuholen

Frage: Ein Spieler betritt unrechtmäßigerweise ein geschütztes Biotop, um seinen Ball zurückzuholen. Wie ist die Regelentscheidung?

Antwort: Nach den Golfregeln fällt keine Strafe an. Auch ist eine Platzregel, nach der für das Betreten eines geschützten Biotops eine Strafe verhängt wird, nicht zulässig. Der Spieler kann jedoch gegen gesetzliche Vorschriften oder Disziplinarordnungen verstoßen haben.

Ich fand diese Regellage nicht gerade befriedigend, hätte ich doch zu gerne Kurt ein paar Strafschläge aufgebrummt – sozusagen als Sofortmaßnahme. Der marschierte inzwischen munter weiter quer durchs Biotop und walzte mit seinem Wagen alle seltenen Pflanzen platt, die sich ihm in den Weg stellten. „Tja, da sind die Regeln etwas mager", meinte auch Urs enttäuscht. Umso mehr waren wir erleichtert, als Kurt seinen Ball fand und mit einem gekonnten Schlag aus dem Wasserhindernis aufs Grün beförderte. „Jetzt können wir ihm zwei Strafschläge geben", verkündete ich und klappte das Decisionsbuch zu.

Decision 33-8/43 Schlag gespielt aus einem geschützten Biotop

Frage: Ein Spieler macht einen Schlag nach seinem Ball in einem geschützten Biotop, von dem nicht gespielt werden darf oder er bezieht seine Standposition in diesem Bereich, um einen Schlag zu machen. Wie ist die Regelentscheidung?

Antwort: […] Wasserhindernis oder seitliches Wasserhindernis: Wenn der Ball in dem geschützten Biotop lag oder der Spieler seine Standposition in dem geschützten Biotop einnahm […] so verliert er das Loch im Lochspiel oder zieht sich im Zählspiel die Strafe von zwei Schlägen für Verstoß gegen die Platzregel zu.

Kurt ließ sich weder vom Naturschutz noch von den Strafschlägen beeindrucken. Für ihn war das Wichtigste, dass er seinen V-Einser wiederhatte. Von den Schotten hatte er offenbar mehr als nur Golfspielen gelernt.

Lose hinderliche Kängurus

Neulich war ich im Rahmen einer Pressereise auf den fünften Kontinent eingeladen. Meine Aufgabe war es, die schönsten Golfplätze und Resorts zu besuchen und dann in den Medien darüber zu berichten. Und wie es der Zufall wollte, fiel der Abreisetag genau auf den letzten Tag einer anderen Pressereise, die mich zu demselben Zweck nach Bermuda geführt hatte. Da ich keine der Destinationen vernachlässigen wollte und aus unerfindlichen Gründen beide Reisen nicht verschiebbar waren, beschloss ich, von Bermuda direkt nach Australien zu fliegen. Ja, das ist harte Knochenarbeit, aber irgendeiner muss es ja tun.

Ich flog am Freitagnachmittag in Bermuda ab, und nach zwei Zwischenlandungen in London und Singapur sowie dank 13 Stunden Zeitverschiebung landete ich schließlich – knapp vier Tage später – Dienstag früh um 5.30 Uhr in Brisbane. Wie doch die Zeit vergeht!

Als ich landete, wusste ich weder, wie spät es war, noch wusste ich, welcher Tag war, und ich wusste auch nicht mehr so genau, wer ich war. Mein Reiseführer holte mich ab. Er hieß Mitch. Er sollte mich ins Hotel bringen und die nächsten 14 Tage auf mich aufpassen. Als wir in seinem Jeep unterwegs waren, meinte er plötzlich: „Auf dem Weg zum Hotel gibt es einen wunderschönen, brandneuen Greg-Norman-Course. Wollen wir kurz anhalten und ihn besichtigen, oder möchtest du lieber direkt ins Hotel?“ Nachdem ich seit Tagen kein Bett mehr gesehen hatte, erklärte ich ihm freundlich, aber bestimmt, dass ich es vorziehen würde, ins Hotel zu gehen – der Golfplatz lief uns ja nicht davon. Mitch nickte verständnisvoll und meinte, dass er sich das schon gedacht habe.

Ich musste wohl einen Augenblick eingenickt sein, denn als ich erwachte, war der Wagen bereits zum Stillstand gekommen. Wir befanden uns auf einem Parkplatz, und über uns prangte ein riesiges Plakat mit der Aufschrift „Welcome to Pelican Island“, und daneben lächelte ein übergroßer Greg Norman zu mir herunter. Wir waren nicht zum Hotel gefahren. Bevor ich protestieren konnte, beschwichtigte mich Mitch bereits, dass dies wirklich absolut kein Umweg sei, und er habe einfach nicht widerstehen können. Abgesehen davon, zähle die Anlage zum Schönsten, was Australiens Golf zu bieten habe.

„Möchtest du einen Kaffee?“, fragte er versöhnlich. Ich schaute ihn eine Weile ratlos an, denn in meiner aktuellen Verfassung brauchte ich für alles viel länger, selbst um die einfachsten Fragen zu beantworten. Da meine innere Uhr Abend anzeigte, antwortete ich spontan: „Nein danke, lieber ein Bier.“ Denn darauf hatte ich wirklich Lust.

Also setzten wir uns zu den Greenkeepern ins Clubhaus, wo alle Kaffee tranken, nur ich saß vor einem kühlen Bier. Das hinterließ mächtig Eindruck. Dass es bei den Schweizern tolle Uhren und Schokolade gibt,

war den Australiern hinlänglich bekannt. Aber dass es bei uns scheinbar üblich ist, Bier zum Frühstück zu trinken, war etwas ganz Neues – von wegen Müsli! Für meine neu gewonnenen australischen Freunde klang das nach paradiesischen Verhältnissen, und sie versprachen alle, bei nächster Gelegenheit die entfernte Schweiz bereisen zu wollen.
Mitch erzählte mir die ganze Geschichte von Pelican Island, ohne auch nur das kleinste Detail auszulassen. Er zeigte mir, was den Gästen für das – für australische Verhältnisse unüblich hohe – Greenfee von 50 Euro alles geboten würde: kostenlose Pitchgabel, Marker, Handtuch, Yardage-Book und ein bronzener Anhänger als Souvenir. Zudem sei ein elektrischer Cart inbegriffen, der mit GPS ausgestattet sei und immer die exakte Distanz zum Loch angebe. Plötzlich erwachten meine Geister für einen Augenblick – ich fragte nach: „Habt ihr denn eine besondere Platzregel, die das erlaubt? Ansonsten verstößt die Verwendung von GPS nämlich gegen die Regeln. Genau genommen gegen Regel 14."

Regel 14-3 Künstliche Hilfsmittel, ungebräuchliche Ausrüstung und ungebräuchliche Verwendung von Ausrüstung

[...] Sofern nicht in den Regeln vorgesehen, darf der Spieler während einer festgesetzten Runde keinerlei künstliche Hilfsmittel oder ungebräuchliche Ausrüstung benutzen [...]

b) die den Zweck haben, Entfernungen oder Umstände abschätzen oder zu messen, die sein Spiel beeinflussen könnten [...]

Anmerkung: Die Spielleitung darf eine Platzregel erlassen, die Spielern die Benutzung von Geräten erlaubt, die ausschließlich die Entfernung messen oder abschätzen.

Mitch schaute mich ungläubig an. „Was für Regeln?", fragte er gelangweilt. „Ohne eine entsprechende Platzregel", erwiderte ich, „wird jeder Spieler, der dieses System im Turnier benutzt, disqualifiziert." „Ach was", erwiderte Mitch, „wer kennt denn schon die Regeln so genau?" „Ich", antwortete ich prompt. Nach dieser Äußerung nahm mir Mitch mein Bier aus der Hand und meinte mit besorgtem Gesicht, ich solle es vielleicht doch mal mit einer Tasse Kaffee versuchen. Er dachte, ich redete wirres Zeug. Er wusste nicht, dass ich immer so bin.

Anstatt mich nun endlich ins Hotel zu fahren, verfrachtete Mitch mich in einen dieser hochmodernen Elektrocarts, um ein paar Löcher abzufahren. Ich hatte schlicht keine Kraft mehr, um zu widersprechen, und ließ es deshalb über mich ergehen. Abgesehen davon, dass mir schwindlig war und ich alles nur leicht verschwommen wahrnahm, war es sogar wunderschön. Tau lag noch auf den Fairways, und bereits am ersten Loch bestätigte sich, wofür Australien berühmt ist: Kängurus hüpften kreuz und quer über das Fairway und sogar über das Grün. Sie waren überall, und kurz hinter dem Grün graste ein ganzes Rudel. Doch die niedlichen kleinen Beuteltiere entpuppten sich beim Näherkommen als mannshohe Viecher. Kein Wunder, dass Mitch mich davor warnte, allzu nahe an die Kängurus heranzugehen. Unter Umständen können sie nämlich recht aggressiv reagieren, und für ihre Boxkünste sind sie ohnehin bekannt. Tatsächlich hat es in Australien schon etliche Attacken auf Golfer gegeben. „Und was ist", fragte ich Mitch und deutete dabei auf die grasenden Kängurus, „wenn mein Ball inmitten eines solchen Rudels landet?" „Dann empfehle ich dir, einen neuen Ball in sicherer Entfernung von den Kängurus zu droppen!", meinte Mitch bestimmt. „Habt ihr dafür eine spezielle Local Rule?", hakte ich nach. Das brachte Mitch erneut total aus der Fassung: „Wir brauchen dazu keine Local Rule, wir machen das einfach so, und fertig." „Aber im Turnier", bohrte ich weiter, „da muss es doch irgendeine Regel geben?" „Im Turnier, im Turnier", belustigte sich Mitch, „im Turnier gilt genau dasselbe wie sonst auch. Junge, du bist hier in Australien!" Und dann murmelte er etwas von losen hinderlichen Kängurus und nickte zufrieden. Ich sagte nichts mehr, doch insgeheim grübelte ich weiter. Schließlich kam ich zu dem Schluss, dass nur Regel 1-4 zur Anwendung gelangen konnte. Diese erwähnt zwar keine Kängurus, behandelt aber generell gefährliche Situationen und gewährt tatsächlich straflose Erleichterung, wie von Mitch umschrieben.

Decision 1-4/10 Gefährliche Situation; Klapperschlange oder Bienen behindern das Spiel

Frage: Der Ball eines Spielers kommt in einer Lage zur Ruhe, bei der für den Spieler eine gefährliche Situation besteht, etwa neben einer lebenden Klapperschlange oder einem Bienennest. Hat der Spieler noch zusätzliche Wahlmöglichkeiten, außer denen, den Ball zu spielen, wie er liegt oder nach Regel 26 oder 28 – falls anwendbar – zu verfahren?

Antwort: Ja. Einem Spieler kann nicht zugemutet werden, in einer derart gefährlichen Situation spielen zu müssen. Und es wäre auch nicht gerecht, wenn er Strafe nach [...] Regel 28 (Ball unspielbar) in Kauf nehmen müsste.

Als zusätzliche Wahlmöglichkeit darf der Spieler nach Billigkeit (Regel 1-4) seinen Ball straflos an der nächstgelegenen ungefährlichen Stelle, nicht näher zum Loch, fallen lassen [...]

Ist es für den Spieler jedoch wegen irgendeiner anderen Behinderung als der gefährlichen Situation ganz und gar unvernünftig, einen Schlag zu machen [...], so darf er nicht wie oben beschrieben Erleichterung in Anspruch nehmen [...]

Wir fuhren weiter und kamen auf das zweite Loch. Entlang des Fairways waren prächtige Villen im Bau, und Mitch erklärte mir sogleich, dass der Verkauf dieser Immobilien die Haupteinnahmequelle für das Resort darstelle und eigentlich erst den Bau des Golfplatzes ermöglicht habe. Dann wollte er mir noch die Entwicklung der Grundstückspreise auf Australiens Golfplätzen erläutern, doch ich unterbrach ihn, denn ich war stutzig geworden: Entlang des gesamten zweiten

Fairways waren rote Pfähle gesteckt, welche die Villen und ihre Gärten zu seitlichem Wasser erklärten. „Wieso ist das alles rot markiert?“, fragte ich Mitch. Der hatte sich offensichtlich noch nie richtig Gedanken darüber gemacht, meinte jedoch, dass dies wahrscheinlich zur Beschleunigung des Spiels gedacht sei. Denn beim seitlichen Wasserhindernis kann man den Ball beim Eintrittspunkt droppen, wo er die Grenze des Wasserhindernisses gekreuzt hat – mit einem Strafschlag versteht sich –, und muss nicht wie bei einem verlorenen Ball oder Aus-Ball noch einmal von hinten spielen.

Regel 26-1 Erleichterung für Ball im Wasserhindernis

[...] Ist ein Ball in einem Wasserhindernis [...], so darf der Spieler mit einem Strafschlag [...]

c) als zusätzliche Wahlmöglichkeiten nur dann, wenn der Ball zuletzt die Grenze eines seitlichen Wasserhindernisses gekreuzt hat, außerhalb des Wasserhindernisses einen Ball fallen lassen innerhalb zweier Schlägerlängen [...]

„Aber ihr könnt doch nicht einfach Häuser als Wasser kennzeichnen“, protestierte ich. Mitch schaute mich nur fragend an, sodass ich erläuterte: „Wasserhindernisse sind Teiche, Flüsse, Gräben, Sümpfe und dergleichen. Aber doch nicht ganze Häuserzeilen. Ein Haus ist ein Haus, und Wasser ist Wasser.“ Tatsächlich ist es nämlich so, dass nicht beliebig Bereiche eines Golfplatzes als Wasserhindernis bezeichnet werden dürfen.

Decision 33-8/35 Platzregel behandelt Rough als seitliches Wasserhindernis

Frage: Auf einem Platz grenzen direkt an die Spielbahnen Bereiche mit Geröll, dichtem Gestrüpp und stachligen Kakteen. Ein Spieler, dessen Ball in solch einem Bereich zur Ruhe kommt, hat kaum die Möglichkeit, einen Schlag zu spielen. Wäre hier eine Platzregel zulässig, nach der diese Bereiche wie ein seitliches Wasserhindernis behandelt werden dürfen?

Antwort: Nein. Es gibt viele Plätze, bei denen die an die Spielbahnen angrenzenden Bereiche derart beschaffen sind, dass ein dort zur Ruhe gekommener Ball zumeist unspielbar oder verloren ist. Solche Bedingungen sind also nicht außergewöhnlich.

Mitch war das ziemlich egal. Er wunderte sich allmählich über meine ständige Fragerei, und ich glaube, es wurde ihm auch zu viel. Plötzlich wendete er den Wagen und fuhr in raschem Tempo zurück zum Clubhaus. Es sei nun wirklich an der Zeit, meinte er, dass wir uns ins Hotel begäben.

Als wir endlich im Hotel ankamen, begrüßte uns ein freudiger Hoteldirektor und erwähnte, dass der Tourismusdirektor der „Gold Coast" sich überraschend den Vormittag habe freinehmen können. Er würde in Kürze eintreffen, um auf dem hoteleigenen 18-Loch-Platz eine Runde zu spielen. Wie schön für ihn, dachte ich. „Ihre Startzeit ist aber erst um neun", bemerkte der Direktor in ruhigem Tonfall, „Zeit genug also, um Ihr Zimmer zu beziehen und sich frisch zu machen." „Was? Startzeit? Ich?", rief ich aus. Ich hatte mich darauf eingestellt, wenigstens den ersten Tag gar nichts zu tun, um mich von der langen Anreise zu erholen. Doch wie sich gerade herausstellte, war ich mit dieser Meinung offenbar allein. Was sollte ich tun? Schließlich hatte mich der Mann um die halbe Welt eingeflogen und offerierte mir während zweier Wochen die schönsten Seiten Australiens. Also zog ich meine Golfklamotten an und begab mich erneut auf einen Golfplatz. Auf die vier Stunden kam es nun auch nicht mehr an.

Die Freitagsrunde

Jeden Freitagnachmittag spielen mein Golffreund Urs und ich eine Runde Golf. Darauf haben wir uns geeinigt, weil der Name Frei-Tag schon sagt, dass man an diesem Tag alles andere als arbeiten soll. Was liegt da näher, als Golf zu spielen? Unsere Freitagsrunde ist inzwischen zu einer geradezu heiligen Institution geworden. Wir brauchen uns gar nicht mehr zu verabreden – wir treffen uns immer mittags im Club zum Lunch und spielen anschließend gemütlich ab.

Doch letzte Woche rief mich Urs überraschend am Montag an, faselte belangloses Zeug und fragte mich, wie es mir gehe, sodass ich überaus misstrauisch wurde. Er fragt sonst nämlich nie am Telefon, wie es mir geht, weil er sonst gar nie anruft, da er nicht gerne telefoniert. Also drängte ich ihn: „Sag schon, was du willst!“, und er rückte endlich mit der ganzen Wahrheit heraus: Er könne nicht zu unserer üblichen Freitagsrunde kommen, es sei etwas dazwischengekommen. Natürlich fiel ich ihm sofort ins Wort und sagte, da gebe es nichts dazwischenzukommen, der Freitag sei heilig, das sei schon immer so gewesen, und er solle gefälligst seine Woche besser planen – sapperlot! Aber er sagte, er habe da ebenfalls etwas Heiliges, ein großes Fest, um genau zu sein, eine Hochzeit, und er habe bereits zugesagt, und wenn man dann nicht hingehe, würde das in der Regel gar nicht geschätzt. „Eine Hochzeit, das ist ja fürchterlich“, rief ich aus und schlug sogleich vor: „Melde dich krank, brich dir eine Bein oder so!“

Und tatsächlich wurde er hellhörig, als ob ich ihn auf eine Idee gebracht hätte, aber am Ende machte er doch nur: „Hmm." Ich fragte: „Wieso eigentlich ausgerechnet am Freitag, heiratet man nicht eher am Wochenende?" Und er meinte, es sei eben zivil – auf dem Standesamt. Ich sagte: „Hervorragend, das dauert wenigstens nicht so lange, das ist dort eine Massenabfertigung, dann schaffst du es bestimmt auf die zweiten neun, und wir verdoppeln einfach den Einsatz." Aber er antwortete wieder nur mit „Hmm". Während ich mich noch fragte, ob es eher ein Hmm-ja oder ein Hmm-nein war, erklärte er plötzlich, dass alles nicht so einfach sei und dass er da nicht abhauen könne, weil viele enge Familienmitglieder mit dabei wären. Ich sagte: „Hervorragend, deine Familie kennt dich, die werden es verstehen!" Aber Urs gab nicht nach und meinte, es gehe diesen Freitag nun wirklich nicht. Doch er habe natürlich volles Verständnis, wenn ich lieber zum Golfen ginge – obwohl ich als Freund der Familie selbstverständlich auch zur Trauung eingeladen sei – und dann flocht er in einem Nebensatz ein, dass er es selbst sei, der heirate.

Das war mir natürlich etwas peinlich, vor allem, weil er es mir bereits zehn Monate zuvor angekündigt hatte, und ich wusste gar nicht recht, wie ich reagieren sollte. Also erklärte ich, dass ich natürlich gerne käme, weil Golf spielen kann man doch jeden Tag, und heiraten tut man schließlich nur alle paar Jahre. Höchstens.

Wir einigten uns darauf, unsere Freitagsrunde auf Mittwoch vorzuverlegen – zur üblichen Zeit, zum üblichen Einsatz.
An dem besagten Mittwoch fiel mir auf, dass Urs irgendwie anders war als sonst. Er nestelte nervös an seinem Golfbag herum, betrat den Abschlag ohne Schläger und vergaß ständig sein Tee. Und dann schlug er am Loch 4 prompt auch noch vor den Abschlagsmarkierungen ab. Da ich das erst im letzten Moment erkannte, konnte ich ihn nicht mehr warnen und bemerkte deshalb hinterher: „Du hast zu weit vorne abgeschlagen, du musst noch mal."

Regel 11-4 Spielen von außerhalb des Abschlags
a) Lochspiel
Spielt ein Spieler zu Beginn eines Lochs einen Ball von außerhalb des Abschlags, so ist dies straflos, aber der Gegner darf unverzüglich verlangen, dass der Spieler den Schlag annulliert und einen Ball von innerhalb des Abschlags spielt.

Natürlich war er sich dieser Regel bewusst, doch weil sein Drive besonders schön geflogen war, wehrte er sich und meinte, ich solle nicht so kleinlich sein. Vielmehr sollte ich mich über seinen guten Abschlag freuen, denn dadurch würde das Loch für mich zu einer viel größeren Herausforderung. Ich freute mich aber ganz und gar nicht, weil ich der Meinung bin, dass, wenn man zockt, man die Regeln auch einhalten sollte, und ging daher erst gar nicht auf Urs' Aussage ein. Der machte aber keine Anstalten, noch einmal abzuschlagen, und fügte nur an, dass, wenn er noch einmal abspielen müsse, dies nicht im Sinne der Zeitersparnis sei. Ich blickte mich um, und da ich hinter uns weit und breit keine Menschenseele sehen konnte, entgegnete ich: „Nimm dir alle Zeit der Welt, wir sind allein auf dem Platz." Doch Urs trotzte weiter und behauptete, er hätte gar keinen Ball mehr, und dann musste er über diese Lüge selbst lachen. Schließlich stänkerte er mich an, ich solle nicht so tun, wenn er bei seiner Frau die Golfregeln derart übergenau auslegen würde, dann hätte sie nie „Ja" gesagt – und ich würde nie eine finden. Darauf entgegnete ich, er solle bloß den Mund nicht zu voll nehmen, schließlich habe seine Zukünftige auch noch gar nicht rechtsverbindlich „Ja" gesagt, und dann marschierte ich los, weil mir die Diskutiererei zu viel wurde. Zum Teufel, dann sollte er von mir aus nicht noch einmal abschlagen – denn das ist nicht zwingend geregelt, als Gegner kann ich frei wählen.

Natürlich gewann er prompt das Loch und tat dabei auch noch so, als hätte er es verdient. Dafür schlug er seinen Abschlag an der Fünf in ein Gebüsch, in dem man erst gar nicht suchen musste. Dann schlug er einen zweiten Drive von sage und schreibe 285 Metern und fragte mich dreimal: „Hast du das gesehen?", aber ich blieb kühl, denn jeder Depp kann einen guten zweiten Drive spielen.

Weil das Loch ein Par 5 war, hatten wir, auf dem Grün angekommen, den verlorenen Ball von Urs längst vergessen. Nachdem er eingelocht hatte, fragte ich ihn, was er gespielt habe, und er antwortete mit: „Fünf." Da ich bereits mit fünf Schlägen auf dem Grün lag, nahm ich meinen Ball auf und fand mich damit ab, dass ich schon wieder ein Loch verloren hatte. Aber auf dem Weg zur sechsten Spielbahn fiel mir der erste Drive von Urs ein. Als ich ihn darauf ansprach, dämmerte es ihm auch wieder, und ich sagte: „Dann hast du das Loch verloren." Damit war er natürlich ganz und gar nicht einverstanden und gab zu: „Ich habe demnach eine Sieben statt einer Fünf gespielt. Du lagst aber auch schon mit fünf auf dem Grün, und wir wissen ja nicht, ob du eingelocht hättest. Vielleicht hättest du gewonnen, vielleicht aber nur halbiert, und wer weiß, wenn du einen Drei-Putt gemacht hättest, dann hättest du das Loch sogar verloren." „Hätte, wäre, könnte", rief ich aus, „kein Mensch kann sagen, was gewesen wäre. Tatsache ist, dass du mir eine falsche Schlagzahl angegeben hast und damit das Loch verlierst."

Regel 9-2b) Falsche Auskunft

[...] Wenn ein Spieler falsche Auskunft gibt, verliert er das Loch. Eine falsche Auskunft gilt als gegeben, wenn ein Spieler [...]

(II) beim Spielen eines Lochs falsche Auskunft über den Stand der Schlagzahl erteilt und diesen Fehler nicht berichtigt, bevor sein Gegner den nächsten Schlag gemacht hat [...]

Von dieser Regel wollte er natürlich gar nichts wissen und schlug stattdessen vor, wir sollten noch einmal zurückgehen, damit ich fertigputten könnte. Doch ich weigerte mich und sagte, das sei im Interesse der Zeitersparnis nicht empfehlenswert, denn inzwischen seien bestimmt schon die nächsten Spieler auf dem Grün, und Urs schaute mich ganz verdrossen an, weil wir beide genau wussten, dass hinter uns weit und breit keine Menschenseele spielte. „Ich gehe sicher nicht noch einmal zurück, nur weil du allmählich alt wirst und deine Schläge vergisst", doppelte ich nach, „und abgesehen davon, weiß ich gar nicht mehr, wo mein Ball genau lag. Du hast das Loch verloren, und damit basta – das steht so in den Regeln, und die werden sich in St. Andrews schon etwas dabei gedacht haben." Aber Urs gab sich immer noch nicht geschlagen und meinte, ich solle ihm mal zeigen, was diese Fritzen von Sanktandru schreiben, und dann las er in meinem schlauen Buch nach. „Na bitte, wusste ich's doch", jubilierte er plötzlich, „da steht, ich könne die falsche Auskunft berichtigen, wenn du in der Zwischenzeit keinen weiteren Schlag gemacht hast. Und du hast seither keinen Schlag mehr gemacht – du hast deinen Ball vom Grün aufgenommen. Und abgeschlagen haben wir noch nicht." „Ja", erwiderte ich, „aber in dem Moment, als ich meinen Ball aufgenommen hatte, war die Sache schon gelaufen. Das ist nämlich im Sinn der Regeln gleichbedeutend, wie ein nächster Schlag."

Decision 9-2/5 Falsche Auskunft veranlasst Gegner, seinen Ballmarker aufzunehmen

Frage: Nach Regel 9-2 verliert ein Spieler das Loch, wenn er dem Gegner beim Spielen eines Lochs eine falsche Auskunft gibt und den Fehler nicht berichtigt, bevor sein Gegner den nächsten Schlag gespielt hat. Beim Spielen eines Lochs gibt ein Spieler seinem Gegner eine falsche Auskunft und dies veranlasst den Gegner, die Münze aufzunehmen, mit der die Lage seines Balls gekennzeichnet war. Ist das Aufnehmen der Münze durch den Gegner gleichbedeutend mit dem Spielen des nächsten Schlags durch den Gegner?
Antwort: Ja; der Spieler hat das Loch verloren.

Wir stritten dann noch eine ganze Weile weiter, aber ich weigerte mich zurückzugehen und beharrte darauf, dass Urs das Loch verloren hatte. Der fuhr darauf aus der Haut und meinte, wenn er so mit seiner Frau spielen würde, dann hätte er aber ganz schön Krach zu Hause. Worauf ich antwortete, dass ich nichts dafür könne, wenn seine Frau die Regeln nicht kapierte, und abgesehen davon, sei sie noch gar nicht seine Frau, erst am Freitag.
„Na gut“, meinte er schließlich, „wenn du unbedingt willst, dann spielen wir genau nach den Regeln.“ Ich nickte zufrieden, und er fuhr fort: „Dann fangen wir gleich mal bei dir an, du hast nämlich 15 Schläger in deinem Bag. Was ist damit?“ Tatsächlich habe ich nebst meinen üblichen 14 Schlägern immer auch ein Damen-7er-Eisen mit rosarotem Schaft dabei, weil es

ja sein könnte, dass man einer gewissen Dame ausgerechnet am Golfplatz begegnet, und wenn man ihr dann das Golfspiel beibringen möchte, ist es überaus praktisch, den passenden Schläger dabeizuhaben. „Ich habe diesen Schläger schon seit Jahren dabei, das weißt du genau, und es hat dich noch nie gestört. Zudem habe ich ihn noch nie gebraucht, was soll der Unsinn?" Aber Urs verzog keine Miene, und ich wusste natürlich, dass er recht hatte, denn die Regeln beschränken den Spieler auf 14 Schläger und nicht mehr – ob er sie nun braucht oder nicht.

Regel 4-4 Höchstzahl von 14 Schlägern

a) Auswahl und Hinzufügen von Schlägern

Der Spieler darf eine festgesetzte Runde nicht mit mehr als 14 Schlägern antreten. [...]

Strafe für Verstoß gegen Regel 4-4a oder b: Unbeschadet der Überzahl mitgeführter Schläger [...] wird für jedes Loch, bei dem ein Verstoß vorkam, ein Loch abgezogen, höchstens jedoch zwei Löcher pro Runde.

Nach langem Hin und Her gab ich schließlich zu: „Du hast recht, dann bekommst du eben zwei Löcher gratis dazu." Aber noch bevor ich den neuen Spielstand ausrechnen konnte, antwortete Urs sogleich: „Du hast Glück, dass ich nicht so kleinlich bin wie du, ich blicke nämlich großzügig über deine 15 Schläger hinweg." Ich schaute ihn mit großen Augen an, und er fuhr fort: „Dazu ist das Lochspiel ja da: Man kann

Schläge schenken, Löcher schenken, und man kann auch Regelverstöße großzügig übersehen."

Decision 2-5/1 Ob Spieler verpflichtet ist, Beanstandung zu erheben

Im Lochspiel darf ein Spieler über einen Regelverstoß seines Gegners hinwegsehen, sofern es darüber keine Übereinkunft zwischen den Spielern gibt [...]

„Ja schon", erwiderte ich zögernd, „aber in unserem Fall geht das nicht. Man kann zwar Regelverstöße des Gegners im Lochspiel schon übersehen, doch dann darf man sie gar nicht erst zur Sprache bringen. Sobald Spieler und Gegner den Regelverstoß gemeinsam festgestellt haben, dürfen sie nicht mehr darüber hinwegsehen, denn das wäre Übereinkunft, eine Regel nicht anzuwenden, was nach Regel 1-3 verboten ist."

Fortsetzung Decision 2-5/1

[...] Es ist ein Unterschied zwischen dem stillschweigenden Übergehen eines Regelverstoßes des Gegners und der Übereinkunft mit dem Gegner, auf eine Strafe zu verzichten. Regel 1-3 verbietet das Letztere.

Regel 1-3 Übereinkunft über Nichtanwendung von Regeln

Spieler dürfen nicht übereinkommen, die Anwendung irgendeiner Regel auszuschließen oder irgendeine Strafe außer Acht zu lassen. Strafe für Verstoß gegen Regel 1-3: Lochspiel – Disqualifikation beider Parteien.

Decision 1-3/4 Spieler lassen eine ihnen bekannte Strafe außer Acht

Frage: In einem Lochspiel bemerkt ein Spieler am 2. Loch, dass er entgegen der Vorschrift von Regel 4-4a 15 Schläger in seiner Golftasche mitführt, aber sein Gegner lehnt die Anwendung der Regelstrafe ab. Der überzählige Schläger wird neutralisiert und das Spiel geht weiter. Die Spielleitung disqualifiziert beide Spieler. Ist dies richtig?

Antwort: Ja. Da die Spieler übereingekommen sind, eine Strafe außer Acht zu lassen, sind beide nach Regel 1-3 zu disqualifizieren.

„Also gewinnst du doch zwei Löcher dazu", schloss ich. „Ich will deine Löcher aber nicht", wetterte Urs und schüttelte dabei ungläubig den Kopf. „Du musst sie nehmen", antwortete ich, „sonst werden wir beide disqualifiziert." Damit brachte ich es fertig, dass Urs endgültig der Geduldsfaden riss: „Sag mal, bist du jetzt total übergeschnappt? Wir spielen eine private Zockerrunde und sind mutterseelenallein auf dem Platz – wer bitteschön soll uns da disqualifizieren?" Da hatte er nun allerdings recht, und ich musste zugeben, dass ich vor lauter Regeln schon leicht verwirrt war. Also versuchte ich, geschickt das Thema zu wechseln: „Wann müssen wir eigentlich am Freitag auf dem Standesamt sein?" „Um 15.30 Uhr", antwortete Urs. „Bist du gut vorbereitet?", hakte ich nach. „Ich muss nur anständig aussehen und ‚Ja' sagen – sonst gibt es nichts vorzubereiten", klärte mich Urs auf. Wobei ich mich natürlich fragte, weshalb wir dann vorher nicht noch neun Löcher spielen könnten.

Das Hole-in-one

Einmal im Jahr fahre ich mit einigen Freunden in die Männer-Golfwoche. Das ist inzwischen zur Tradition geworden. Wir sind eine Truppe von vier bis acht Spielern, die sich jedes Mal anders zusammensetzt, doch drei sind immer mit von der Partie: mein Bruder, mein Golffreund Urs und ich. Damit so eine Golfwoche auch etwas Würze bekommt, vereinbaren wir zu Beginn stets umfangreiche Wetten: Zum Beispiel sind für jeden Schlag, den man über sein Handicap spielt, fünf Euro zu bezahlen. So kommt genug Geld zusammen, um nach der Runde die Getränke zu finanzieren. Wenn wir schlecht genug spielen, reicht es sogar noch fürs Abendessen und an ganz miesen Tagen obendrein noch für den Wein. Was das spielerische Niveau unserer letzten Golfwoche betrifft: Da mussten wir zum Schluss am Flughafen das überschüssige Geld wieder untereinander verteilen. Ich könnte mir gut vorstellen, dass gewisse Spieler das nächste Mal nicht mehr dabei sind, weil sie die Sportart gewechselt haben.

Hinzu kommen zahlreiche Sonderprämien, zum Beispiel für die meisten Birdies, für jedes Eagle usw. Klar ist, dass bei so viel Einsatz auch stets hart um die Einhaltung der Regeln gefochten wird. Die immer wiederkehrende Frage „Erhalte ich hier einen straflosen Drop?“ wird kategorisch mit „Nein“ beantwortet, und es wird nur selten und höchstens nach sehr langen Diskussionen davon abgewichen. Damit sichergestellt ist, dass alles mit rechten Dingen zugeht, nehmen wir auch immer einen offiziellen Schiedsrichter mit auf die Runde: meine Wenigkeit.

Als wir an einem Tag einen recht hügeligen Platz auf dem Programm hatten, mussten wir Elektrocarts mieten, da diese vorgeschrieben waren. Ich bin kein besonderer Freund des fahrenden Golfspiels, doch auf diesem Platz war ich es noch viel weniger, denn man durfte mit dem Wagen die Wege strikt nicht verlassen. Weil man vom Wagen aus die Distanz vom Ball zum Grün schlecht schätzen kann, muss man jeweils mit einer ganzen Auswahl Schläger quer übers Fairway zu seinem Ball wandern, was ausgesprochen umständlich ist. Mein Bruder fand allerdings ein Rezept gegen dieses Hin- und Herlaufen: Er spielte seine Bälle immer an den rechten Fairwayrand, knapp an den Weg oder gleich auf den Weg, sodass er kaum aussteigen musste. Er nannte das rationell spielen. Ich nannte es Slice.

Als er es mit seinem taktischen Geschick einmal übertrieb, flog der Ball sogar über den Weg hinaus und landete im Rough am Fuß einer Palme, von wo er unmöglich spielen konnte. „Ich nehme einen Strafschlag und erkläre den für unspielbar“, verkündete er und maß völlig richtig zwei Schlägerlängen ab.

Regel 28 Ball unspielbar

[...] Hält der Spieler seinen Ball für unspielbar, so muss er mit einem Strafschlag:

a) einen Ball so nahe wie möglich der Stelle spielen, von der der ursprüngliche Ball zuletzt gespielt wurde [...]; oder

b) einen Ball in beliebiger Entfernung hinter dem Punkt, an dem der Ball lag, fallen lassen [...] oder
c) einen Ball nicht näher zum Loch innerhalb zweier Schlägerlängen von der Stelle, an der er lag, fallen lassen.

Mit den zwei Schlägerlängen schaffte er es nun unter der Palme hervor und sogar ganz aus dem Rough, doch es reichte nicht bis aufs Fairway, weil dazwischen noch der Weg lag. Das Ende der zwei Schlägerlängen befand sich genau genommen mitten auf dem Weg. Mein Bruder schaute mich etwas ratlos an: „Darf ich den Ball auf der Straße fallen lassen und dann erneut droppen, weil die Straße ein unbewegliches Hemmnis ist, von dem ich straflos wegdroppen darf?", fragte er gespannt. Mit dieser Vorgehensweise würde er es nämlich am Ende mit großer Wahrscheinlichkeit bis aufs Fairway schaffen. Ich grübelte und kam zu dem Schluss, dass nichts dagegensprach. Er durfte seinen Ball in der Tat auf der Straße fallen lassen: Wenn ihm die Lage gefiel, dürfte er sogar von der Straße spielen, denn Regel 24 gewährt zwar straflose Erleichterung von unbeweglichen Hemmnissen, doch darf man seinen Ball jederzeit auch spielen, wie er liegt. Wenn ihm die Lage hingegen nicht zusagte, was mir im vorliegenden Fall wahrscheinlich schien, dürfte er erneut Erleichterung nehmen und den Ball droppen.
Rationell, wie mein Bruder nun mal ist, wollte er gleich von beiden Behinderungen auf einmal Erleichterung nehmen und maß bereits die nächste Schlägerlänge ab.

Da musste ich mich allerdings einschalten: „Du musst zuerst deinen unspielbaren Ball auf dem Weg fallen lassen. Wenn er dann zur Ruhe gekommen ist, bestimmen wir von dort aus den nächstgelegenen Punkt der Erleichterung und messen eine neue Schlägerlänge ab. Man muss im Golf immer Schritt für Schritt vorgehen und kann nicht mehrere Erleichterungsverfahren miteinander kombinieren." Das trifft sogar dann zu, wenn man Erleichterung nimmt und die Stelle zum Fallenlassen in einem Bereich liegt, von dem gar nicht gespielt werden darf.

Decision 25-1b/14.5 Unspielbar erklärten Ball auf Boden in Ausbesserung fallen gelassen, von dem nicht gespielt werden darf; Ball dann nach der Regel für Boden in Ausbesserung fallen gelassen

Frage: Ein Spieler erklärt seinen Ball für unspielbar, verfährt daraufhin nach Regel 28b oder c und lässt seinen Ball auf Boden in Ausbesserung fallen, von dem lt. Platzregel nicht gespielt werden darf. Dann nimmt er die obligatorische Erleichterung nach Regel 25-1b in Anspruch. Ist dies erlaubt?

Antwort: Ja.

Auszug aus Decision 1-4/8

Der Spieler [...] ist nicht berechtigt, von beiden behindernden Umständen gleichzeitig [...] mit nur einem Vorgehen Erleichterung in Anspruch zu nehmen [...]

Mein Bruder fand das alles gar nicht logisch und viel zu kompliziert und schon gar nicht rationell und quittierte es mit seinem üblichen Blick, den ich von zahlreichen Golfrunden mit ihm kenne: Wieso kann ich keinen normalen Bruder haben, wieso muss es ein Schiedsrichter sein? Dass er seine Bälle auch immer in so komplizierte Lagen spielen muss.
Er ließ seinen Ball wie von mir verlangt auf dem Weg fallen und nahm dann Erleichterung von der Straße, indem er den nächstgelegenen Punkt bestimmte und eine Schlägerlänge abmaß. Dann ließ er seinen Ball erneut fallen und machte ein zufriedenes Gesicht, weil der auf dem Fairway gelandet war.

Regel 24-2 Unbewegliches Hemmnis

a) Behinderung

Behinderung durch ein unbewegliches Hemmnis ist gegeben, wenn ein Ball darin oder darauf liegt, oder wenn die Standposition des Spielers oder der Raum seines beabsichtigten Schwungs durch das Hemmnis betroffen sind [...]

b) Erleichterung

[...]

(I) Im Gelände: Liegt der Ball im Gelände, so muss der Spieler den Ball aufnehmen und ihn straflos innerhalb einer Schlägerlänge von dem nächstgelegenen Punkt der Erleichterung nicht näher zum Loch [...] fallen lassen.

A: Wird ein Ball für unspielbar erklärt, so darf er, unter anderem, mit einem Strafschlag innerhalb zweier Schlägerlängen fallen gelassen werden – selbst wenn dies auf einer Straße, d. h. auf einem Hemmnis, sein sollte (schraffierte Fläche).

B: Bleibt der Ball nach dem Droppen auf der Straße liegen, so kann er gespielt werden, wie er liegt, oder er darf erneut straflos fallen gelassen werden, und zwar innerhalb einer Schlägerlänge vom nächstgelegenen Punkt der Erleichterung.

Die viele Dropperei hatte inzwischen unseren Freund Urs misstrauisch werden lassen – besonders das zweifache Droppen und die Tatsache, dass der Ball am Ende auf dem Fairway lag. Er kam herbeigeeilt und legte seine Stirn in Falten. Da er aber keine große Ahnung von den Regeln hat, wagte er es nicht, uns reinzureden, sondern begnügte sich mit dem Spruch: „So, wird hier gedroppt? Hmm, na hoffentlich geht alles mit rechten Dingen zu.“ Dann machte er sich schelmisch grinsend wieder davon. Er wusste, dass nirgendwo sonst auf dem Platz die Regeln genauer eingehalten wurden als bei uns.

Am nächsten Loch, einem interessanten Par 4 den Berg hinab, traf Urs seinen Ball nicht richtig, sodass er im Graben landete. „Ich spiele noch einen provisorischen“, verkündete er, doch wir anderen winkten ab: „Wir haben deinen Ball gesehen, er liegt dort vorne im Graben.“ Dann machten wir uns auf zu den Carts, die schräg vor dem Abschlag standen. Urs stand derweil immer noch am Tee und wollte zum zweiten Mal abschlagen, doch dummerweise waren wir ihm nun ihm Weg. „Komm jetzt, wir haben deinen Ball gesehen“, riefen wir ihm zu, aber Urs ließ sich nicht beirren. „Geht mir aus dem Weg. Ich darf doch einen provisorischen Ball spielen, wann ich will.“ „Nein“, antwortete ich, „nur wenn dein Ball verloren sein könnte. Das ist hier aber nicht der Fall.“

Regel 27-2 Provisorischer Ball
a) Verfahren
Kann ein Ball außerhalb eines Wasserhindernisses verloren oder kann er im Aus sein, so darf der Spieler zur Zeitersparnis in Übereinstimmung mit Regel 27-1 provisorisch einen anderen Ball spielen.

„Wer sagt denn, dass er nicht verloren sein kann ...“, quengelte Urs nun weiter. „Wir“, antworteten wir anderen, „wir haben ihn gesehen!“ Da Urs unbedingt noch einmal abschlagen wollte, behauptete er nun: „Aber ich habe ihn nicht gesehen.“ „Dann kauf dir neue Linsen“, war die Antwort. „Und was passiert, wenn ich trotzdem noch einen schlage?“, fragte er nun herausfordernd. „Dann ist das Üben auf dem Platz“, behauptete mein Bruder, „und gibt Strafschläge.“ Der Gedanke war nicht schlecht, doch ich musste die Regellage präzisieren: „Nein, wenn du nochmals abschlägst, ist der neue Ball mit einem Strafschlag im Spiel.“

Decision 27-2a/3 Spielen eines provisorischen Balls, wenn kein vernünftiger Grund dafür spricht, dass der ursprüngliche Ball verloren oder im Aus sein kann
Frage: Wenn kein vernünftiger Grund dafür spricht, dass ein Ball außerhalb eines Wasserhindernisses verloren oder im Aus sein kann, darf der Spieler dann einen provisorischen Ball spielen?
Antwort: Nein. Spielt ein Spieler unter solchen Umständen einen Ball, so ist dieser Ball kein provisorischer Ball, sondern der Ball im Spiel [...]

Da wir immer noch im Weg standen und keine Anstalten machten, uns zu bewegen, musste sich Urs geschlagen geben und auf den vermeintlich provisorischen Ball verzichten.

Nun muss man wissen, dass Urs und ich nebst allen laufenden Wetten stets untereinander zusätzlich noch um das beste Brutto und auf praktisch jedem Loch um den längsten Drive wetten. Manchmal haben wir so viele verschiedene Wetten laufen, dass wir gar nicht mehr durchblicken. Als wir am Abschlag der 16 angelangt waren, herrschte jedenfalls Gleichstand, und wir waren beide leicht angespannt. Da es sich um ein Par 3 handelte, konnten wir keinen längsten Drive ausmachen, und deshalb wetteten wir um den Nearest-to-the-pin. „Um ein dickes, fettes Steak heute Abend“, meinte Urs, und ich schlug ein. Und da vollbrachte ich das Wunder: Mein Ball flog in einem zarten Bogen die 206 Meter zum Grün, sprang einmal kurz hinter der Fahne auf und verschwand daraufhin mit Backspin im Loch. Mein Jubel war grenzenlos. „Das nenne ich rationell spielen“, rief ich aus, „kein Suchen, keine Fahne bedienen, kein sinnloses Hin-und-her-Putten. Das spart nicht nur Zeit, das spart auch Schläge.“

Das Leben vor und das Leben nach einem Hole-in-one sind nicht miteinander zu vergleichen. Man fühlt sich wie ein neuer Mensch. Ich hatte das Gefühl, das Geheimnis des Golfspiels geknackt zu haben – jetzt hatte ich es raus! Und das Schönste war: Urs hatte ich damit beim Kampf um das Brutto ganz schön abgehängt, und den Nearest-to-the-pin hatte ich natürlich auch geholt. Doch ich hatte nicht mit Urs' Gerissenheit gerechnet. Nachdem er mir gratuliert hatte, meinte er: „Longest Drive gilt ja nur auf dem Fairway?" Ich nickte. „Und Nearest-to-the-pin gilt nur auf dem Grün, nicht wahr?" Ich nickte erneut und ahnte, worauf er hinauswollte. „Schade", grinste er mich an, „dann hast du das leider nicht gewonnen, weil dein Ball nicht auf dem Grün liegt, sondern im Loch." Das war nun das Idiotischste, was ich je gehört hatte. Aber Urs bestand sogar darauf, in den Regeln nachzuschlagen. Wir fanden keinen Hinweis auf das Verfahren beim Nearest-to-the-pin, doch immerhin half uns die Definition des Begriffs Grün weiter.

Erklärung „Grün"

Grün ist der gesamte Boden des zu spielenden Lochs, der zum Putten besonders hergerichtet ist [...]. Ein Ball ist auf dem Grün, wenn er mit irgendeinem Teil das Grün berührt.

„Es tut mir leid, aber dein Ball liegt nicht auf dem Grün, denn er berührt es nicht. Er ist im Loch!" Er argumentierte so geschickt, dass er mich eher an einen Anwalt als an einen Möbelhändler erinnerte. Ich fand das alles übertrieben spitzfindig und obendrein unfair und überhaupt total bescheuert, deshalb rief ich aus:

„Ich sage das gilt, und meine Entscheidung als Schiedsrichter ist nun mal endgültig und unanfechtbar – selbst wenn sie falsch sein sollte.“ Aber Urs gab sich so leicht nicht geschlagen und meinte, dass ich überhaupt nichts zu entscheiden habe, da ich in diesem Fall einen offensichtlichen Interessenskonflikt hätte, und das nenne man Befangenheit oder so ähnlich. Also diskutierten wir weiter, und das auch noch nach der Runde, und sogar beim Abendessen waren wir uns noch nicht einig. Schließlich einigten wir uns darauf, mit unseren Freunden abzustimmen. Das brachte aber auch nicht das gewünschte Ergebnis, denn infolge des fortwährenden Champagnerkonsums hatten wir so viele Stimmenthaltungen, dass am Ende nur Urs' gegen meine Stimme stand. Also stritten wir weiter, bis er endlich einlenkte: „Gut, ich bin heute großzügig, ich schenke dir den Nearest-to-the-pin.“ Mit Großzügigkeit hatte das wahrlich nichts zu tun, aber ich hatte keine Lust mehr weiterzudiskutieren und wies deshalb den Küchenchef an, mir das größte Steak auf den Grill zu legen, das er auftreiben könne. Dieses war so groß, dass ich gleich zwei Teller nebeneinander darunterstellen musste. Urs meinte nur, dass ihm das nicht schmecken würde, denn so ein großes Steak müsse doch redlich verdient sein, was in meinem Fall höchst umstritten sei, und er könnte das jedenfalls nicht mit gutem Gewissen verspeisen. Dann fragte er:

„Wenn ich das Hole-in-one gemacht hätte, hättest du dann nicht genau gleich argumentiert?" „Doch", antwortete ich kühl, worauf ihm fast der Kragen platzte. Am Ende teilten wir das Steak. Es war sowieso viel zu groß, und so schmeckte es doch am besten. Vor allem zusammen mit dem ganzen Wein und Champagner. Ein Hole-in-one sollte man viel öfter machen.

Der Golfleutnant

Mein Mitspieler war während des ganzen ersten Lochs sehr ruhig gewesen und hatte kein Wort zu viel gesagt. Wir hatten uns am Abschlag gegenseitig vorgestellt – sein Name war Grimm –, die Scorekarten getauscht und in aller Ruhe abgeschlagen. Daraufhin war jeder seinem Ball und seinen Gedanken nachgegangen.

Nachdem wir aber unsere Putts am ersten Loch einigermaßen erfolgreich versenkt und die Scores aufgeschrieben hatten, taute er auf: „Na, junger Mann“, gab er sich väterlich, „das war doch gar kein schlechter Anfang.“ Ich nickte und wusste nicht recht, was ich von seiner Äußerung halten sollte. Junger Mann! Doch ich kam nicht dazu, mir weitere Gedanken zu machen, denn er redete jetzt plötzlich wie ein Wasserfall auf mich ein und erzählte, dass er Oberst oder Leutnant oder Oberstleutnant oder so etwas Ähnliches sei – jedenfalls ein wahnsinnig hohes Tier beim Militär und nur einer von wenigen. Dann nannte er mir seine Einheit, die aus zusammenhangslosen Buchstaben und Zahlen bestand, und fragte mich schließlich: „Und was ist Ihr Dienstgrad?“ Ich tat, als hätte ich seine Frage überhört, und erzählte stattdessen, dass ich meinerseits einer von nur wenigen Golf-Schiedsrichtern sei. Dann drängte ich zum Weiterspielen.

Das zweite Loch war ein 143 Meter langes Par 3. „Nehmen Sie ein Holz 5“, riet mir Grimm, „das nehme ich hier auch immer.“ Ich hatte gar nicht recht hingehört und grübelte noch über meine Schlägerwahl nach, als er bereits anfügte: „Oh, wie dumm von mir. Ich glaube, das war Belehrung und gibt womöglich Strafschläge.“ Er hatte recht, seine Bemerkung war zwar gut gemeint, aber ein unerlaubter Ratschlag. Ich hatte es gar nicht bemerkt, doch nun, da er es selbst zur Sprache gebracht hatte, waren die zwei Strafschläge natürlich unvermeidlich.

Regel 8-1 Belehrung

Während einer festgesetzten Runde darf ein Spieler

(a) niemandem im Wettspiel, der auf dem Platz spielt, ausgenommen seinem Partner, Belehrung erteilen [...]

Strafe für Regelverstoß: [...] Zählspiel – Zwei Schläge.

Dabei hatte mir seine Belehrung gar nichts gebracht: Denn sicherlich würde ich für eine solch kurze Distanz kein Holz nehmen, auch kein Holz 5. Seine Äußerung war für mich ein absolut nutzloser Ratschlag gewesen, es sei denn, ich hätte versucht, das Loch auszulassen, um gleich auf das dritte Fairway zu gelangen. Doch die Regeln sind hart. Belehrung ist jeder Ratschlag, der das Spiel oder die Schlägerwahl beeinflussen könnte – und das war schließlich seine Absicht gewesen, als er mir das Holz 5 empfahl. Ob ich als Spieler tatsächlich auf den Ratschlag höre, ist dabei unerheblich. Sogar wenn man bewusst einen falschen Ratschlag erteilt, um den Mitspieler irrezuführen, gilt das als Belehrung.

Decision 8-1/9 Irreführende Bemerkung über Schlägerwahl
Frage: A macht absichtlich eine irreführende Bemerkung über seine Schlägerwahl, die offensichtlich darauf abzielt, von B gehört zu werden, der einen ähnlichen Schlag vor sich hat. Wie ist die Regelentscheidung?
Antwort: A hat gegen Regel 8-1 verstoßen und verliert das Loch im Lochspiel oder hat sich im Zählspiel zwei Strafschläge zugezogen.

Unter Grimms interessiertem Blick zog ich nun einen Schläger aus meinem Bag. Als er meine Wahl sah, fügte er hastig hinzu: „Ja, ein Eisen 8 geht natürlich auch." Dann schlug ich ab.
Da ich den Ball nicht sauber getroffen hatte, blieb er leider etwas kurz und rollte in den Bunker zurück. Dies entlockte Grimm ein Stöhnen, und er hielt es auch gleich für nötig, mir eine Lektion über Spielstrategie zu erteilen: „Sie schwingen zu locker junger Mann. Sie müssen stärker zuschlagen!" Da ich ihn nur ungläubig anschaute, doppelte er nach: „Sie müssen zuschlagen, so hart es geht!" Dabei schaute er mir fest in die Augen. „Wo bleibt Ihr Killerinstinkt? Golf ist kein Spiel, es ist eine Schlacht, die geschlagen werden will. Und der Ball ist der Feind, den es unter die Erde zu bringen gilt!" Er wurde nun immer lauter: „Sehen Sie die Bunker vor dem Grün? Das sind die feindlichen Linien, die es zu überwinden gilt!" Seine Stimme klang seltsam aufgeregt, und er holte kaum noch Luft zwischen den Sätzen. „Die müssen wir auf Anhieb

überwinden, denn wenn wir in die feindlichen Gräben geraten, sind wir verloren. Da gerät man schnell ins Kreuzfeuer, verstehen Sie? Ra-ta-ta-ta-ta ..." Er hatte inzwischen einen hochroten Kopf und stand leicht geduckt vor mir, den Golfschläger wie ein Gewehr im Anschlag. Als er mein besorgtes Gesicht sah, wurde er plötzlich still. „Entschuldigen Sie, ich habe mich wohl für einen Augenblick vergessen", stammelte er. Dann schlug er ab.

Auch er traf seinen Ball nicht recht. Vermutlich vor lauter Aufregung. Jedenfalls schaffte er es nicht einmal bis zu den Bunkern. Sein nächster Schlag machte sogar alles noch schlimmer. Er hackte nämlich so sehr in den Boden, dass sein Ball nun ebenfalls in den Bunker kullerte. Dafür flog ein fußmattengroßes Divot mit, das direkt an meinem Ball zur Ruhe kam.

„Oh, das tut mir leid", entschuldigte sich Grimm, bevor er ausrief, „und das Dümmste ist, dass wir das Divot nicht einmal entfernen dürfen. Es ist ein loser hinderlicher Naturstoff, der im Bunker liegen bleiben muss. Ich habe es ja schon immer gesagt, die Regeln sind total idiotisch."

Regel 23 Lose hinderliche Naturstoffe

23-1 Erleichterung

Ausgenommen sowohl der lose hinderliche Naturstoff als auch der Ball liegen im selben Hindernis oder berühren es, darf loser hinderlicher Naturstoff straflos fortbewegt werden.

„Nein, so idiotisch sind sie nicht", beruhigte ich ihn, „im Gegenteil, sie sind sehr durchdacht und plausibel. Im vorliegenden Fall darf ich Ihr Divot entfernen, weil ich Anspruch auf die Lage habe, die bestand, als mein Ball zur Ruhe kam. Das ist der Grundgedanke vom Golfspiel – der Ball soll gespielt werden, wie er liegt, beziehungsweise in diesem Fall, wie er lag. Ist der Ball einmal zur Ruhe gekommen und wird danach seine Lage durch einen anderen Spieler, einen Zuschauer, ein Tier oder so verändert, dann darf die ursprüngliche Lage wiederhergestellt werden."

Decision 13-4/18 Herausgeschlagene Grasnarbe (Divot) von Partner, Gegner oder Mitbewerber kommt nahe beim Ball des Spielers im Bunker zur Ruhe

Frage: Der Partner, Gegner oder Mitbewerber eines Spielers spielt einen Schlag in Bunkernähe und die dabei herausgeschlagene Grasnarbe (Divot) kommt nahe beim Ball des Spielers im Bunker zur Ruhe. Darf das Divot entfernt werden?

Antwort: Ein Spieler hat Anspruch auf die Lage, die er sich erspielt hat. Daher darf das Divot nach Billigkeit (Regel 1-4) straflos fortbewegt werden.

Grimm war meinen Ausführungen interessiert gefolgt, und nachdem er nichts dagegen einzuwenden hatte, entfernte ich das Divot und machte mich für den anstehenden Bunkerschlag bereit. Doch plötzlich geriet er wieder aus dem Häuschen: „Mit dem nächsten

Schlag müssen wir das Grün einnehmen, sonst sind wir verloren!", rief er aus. Da ich seine Aufregung nicht teilte, hielt er mir eine erneute Lektion: „Junger Mann, Ihnen mangelt es an Ambition! Was ist Ihr militärischer Grad?", wollte er nun endgültig wissen. „Mein militärischer Grad?", wiederholte ich, um etwas Zeit zu schinden. Diesmal fiel mir keine Ausrede mehr ein. Grimm schaute mich gespannt an. „Ich bin beim Zivilschutz", ließ ich die Bombe platzen. „Im Ernstfall beschütze ich Ihren Weinkeller und Ihre Frau." Grimm fand das gar nicht witzig. Auf seiner Stirn bildeten sich kleine Schweißperlen. Aber er ignorierte meine Aussage, so gut es ging. „Dann ernenne ich Sie hiermit zum Soldaten." Das war nun wirklich das Letzte, was ich sein wollte. „Soldat", ging es daraufhin weiter, „das Loch ist der Feind. Wir werden nicht aufgeben, ehe der Ball im Loch ist. Verstanden?" Gar nichts hatte ich verstanden. Erst war der Ball der Feind, nun war das Loch der Feind.

„Ich möchte Ihnen nicht zu nahe treten", entgegnete ich, „aber nach meiner Erfahrung bringt es beim Golf mehr, ruhig und fokussiert zu bleiben, als irgendwelche Feindbilder heraufzubeschwören." „Papperlapapp", tat Grimm meinen Einwand ab, „wenn Sie erfolgreich sein wollen, müssen Sie hart und gnadenlos sein. Sie müssen alles niedermachen, ohne mit der Wimper zu zucken! Wenn Sie auch nur einen Augenblick lockerlassen, schlägt der Feind möglicherweise zurück, und das kann Ihren Untergang bedeuten."

Ich schüttelte nur den Kopf, denn ich konnte mir schwerlich vorstellen, wie der Ball oder das Loch zurückschlagen sollten. Ich fragte aber nicht weiter nach und sprach stattdessen erneut meinen Ball an, während Grimm irgendetwas von „Anlegen“ murmelte. Dann, gerade als ich den Ball schlagen wollte, brüllte er „Feuer!“ – mitten in meinen Schwung –, sodass ich vor Schreck meinen Ball quer übers Grün toppte, bis er irgendwo dahinter gegen ein Gewächshaus knallte. Mein erster Gedanke war, dass ich den Schlag wiederholen dürfte, da ich abgelenkt wurde. Doch fast gleichzeitig fiel mir ein, dass dem nicht so ist. Wird man als Spieler durch Rufe, Hupen, Niesen oder was auch immer abgelenkt, ist das einfach Pech.

Decision 1-4/1 Spieler trifft seinen Ball nicht richtig, da er durch einen Ball gestört wurde, den ein anderer Spieler hat fallen lassen

Frage: Als A gerade seinen Rückschwung ausführt, lässt B versehentlich einen Ball fallen, der bis 15 cm an den Ball von A heranrollt. Vor Schreck über das plötzliche Auftauchen des fallen gelassenen Balls toppt A seinen Ball. Sollte A den Schlag nach Billigkeit wiederholen dürfen?

Antwort: Nein. Ablenkungen kommen allgemein vor und müssen vom Spieler hingenommen werden.

Spontan kam mir ein zweiter Gedanke: Ich wollte Grimm erwürgen. Doch der, anstatt sich zu entschuldigen, meinte nur kühl: „Okay, Soldat, das war gar nicht schlecht. Immerhin sind Sie aus dem Bunker raus. Aber achten Sie darauf, dass Sie nächstes Mal den Ball nicht so dünn treffen." „Und Sie achten bitteschön darauf, dass Sie Ihren Mund halten, wenn ich spiele. Das ist ja nicht zum Aushalten!", brüllte ich ihn an. „Abgesehen davon, erhalten Sie zwei Strafschläge, weil Sie mich gerade eben erneut belehrt haben." Er schaute mich ganz erstaunt an, und ich führte aus: „Der Tipp von wegen weniger dünn treffen – das war Belehrung." Grimm war alles andere als einverstanden: „Sie haben mir schon vorhin am Abschlag zwei Strafschläge wegen Belehrung gegeben. Sie können mich doch nicht zweimal für denselben Regelverstoß bestrafen." „Und ob", entgegnete ich, „weil Sie in der Zwischenzeit einen Schlag gemacht haben. Dann ist es eine völlig neue Situation, und der nochmalige Regelverstoß zählt separat."

Decision 1-4/14 Spieler verstößt vor und nach dem Schlag gegen ein und dieselbe Regel

Frage: In einem Zählspiel macht ein Bewerber, dessen Ball in einem Bunker liegt, einen Übungsschwung und berührt dabei unter Verstoß gegen Regel 13-4 den Boden des Bunkers mit seinem Schläger. Er macht den Schlag, aber der Ball bleibt im Bunker. Vor seinem nächsten Schlag macht er einen weiteren Übungsschwung und berührt dabei wiederum den Boden des Bunkers. Wie ist die Strafe?

Antwort: Der Bewerber zieht sich zweimal die Strafe für Verstoß gegen Regel 13-4 zu, [...] da der Spieler zwischen den zwei Regelverstößen einen Schlag gespielt hat.

Grimm widersprach dem heftig und wollte nun eine Diskussion über den Sinn von Strafen und Maßnahmen anzetteln, doch ich hatte dafür keine Nerven mehr. Ich ließ ihn einfach stehen und machte mich auf in Richtung Gewächshaus.
Dort angekommen, musste ich feststellen, dass mein Ball im Aus lag. Damit blieb mir nichts anderes übrig, als noch einmal in den Bunker zurückzugehen – denn ich musste meinen nächsten Schlag von der Stelle spielen, an der ich meinen letzten Schlag gemacht hatte. Mit einem Strafschlag versteht sich.

Regel 27-1b) Ball im Aus

Ist ein Ball im Aus, so muss der Spieler mit einem Strafschlag einen Ball so nahe wie möglich der Stelle spielen, von der der ursprüngliche Ball zuletzt gespielt wurde (siehe Regel 20-5).

Dabei stellte sich mir nun die Frage, ob ich die Spuren meines letzten Schlags im Bunker vor dem Droppen einebnen dürfte. Hinzu kam, dass neben der Stelle, von der ich gespielt hatte, inzwischen auch Grimm einen Schlag ausgeführt hatte und sich somit unzählige Abdrücke im Sand befanden. Nach kurzem Nachdenken fiel mir die Lösung ein: Hat man seinen Ball einmal aus dem Bunker herausgespielt, darf man darin beinahe alles machen, was man will, und sämtliche Spuren einebnen. Auch dann, wenn man hinterher dort einen Ball fallen lassen muss.

Decision 13-4/37 Aus einem Bunker gespielter Ball ist im Aus oder verloren; Spieler prüft die Beschaffenheit des Bunkers oder ebnet Fußabdrücke im Bunker ein, bevor er einen anderen Ball in dem Bunker fallen lässt

Frage: Ein Spieler spielt aus einem Bunker und sein Ball kommt im Aus zur Ruhe oder ist verloren. Er ebnet seine Fußabdrücke im Bunker an der Stelle ein, an der er einen Ball nach Regel 27-1 fallen lassen muss [...]. Hat der Spieler gegen Regel 13-4 verstoßen?

Antwort: Nein. Die Verbote in Regel 13-4 kommen nur dann zur Anwendung, wenn der Ball des Spielers im Hindernis ist oder wenn er aus dem Hindernis aufgenommen wurde und im Hindernis fallen gelassen oder hingelegt werden darf. In diesem Fall wurde der Ball des Spielers nicht aus dem Hindernis aufgenommen, sondern er ist aus dem Hindernis gespielt worden.

Zudem ist ein Spieler gemäß Ausnahme 2 zu Regel 13-4 ohne Einschränkung dazu berechtigt, Sand oder Erdreich in einem Hindernis einzuebnen, nachdem er seinen Ball aus dem Hindernis gespielt hat. Dieses Recht hat Vorrang vor jeder davon abweichenden Regelung in anderen Regeln, einschließlich Regel 13-2.

Auf den restlichen 16 Löchern sprachen Grimm und ich dann etwa wieder so viel miteinander wie schon am ersten Loch – nicht mehr als gerade nötig. Und unsere Runde hätte dabei hervorragend als Schulbeispiel für psychologische Kriegsführung dienen können: Es war eine Art kalter Krieg auf dem Golfplatz, in dessen Verlauf ich Grimm ein gutes Dutzend Strafschläge aufbrummte und er mir den Status des

Soldaten mindestens fünf Mal wieder aberkannte. Am Ende verstand ich auch ganz gut, was er gemeint hatte, als er sagte, dass Golf eine Schlacht sei, die es zu schlagen gelte.

Vom wahren Sinn des Golfspiels

Wenn Sie im Lexikon unter dem Stichwort „Golf" nachschlagen, werden Sie zunächst Hinweise auf Meeresbuchten und -busen finden, die im ersten Moment zugegeben interessant klingen, sich aber rasch als völlig unspektakulär erweisen. Weiter unten stoßen Sie dann auf eine äußerst nüchterne Erklärung unseres geliebten Sports: Dort steht etwas von Rasenspiel, bei dem ein Ball mit einem Schläger (und möglichst wenig Schlägen) über verschieden lange Bahnen in ein Loch zu treiben ist. Manchmal steht da auch noch etwas von Zielspiel. Und genau dieser letzte Punkt ist es, der das wahre Wesen des Golfspiels völlig verkennt – da sind sich mein geschätzter Golffreund Urs und meine Wenigkeit ausnahmsweise einmal einig. Golf ist kein Zielspiel, es ist ein Weitenspiel. Wenn wir auf die Runde gehen, dann geht es immer um die Länge der Drives und nicht um vom Zufall begünstigte Chips oder zufällig eingelochte Putts. Es geht um nackte Meterzahlen. Das ist Golf und nichts anderes. Draufhauen, was das Zeug hält.

Über unsere Überzeugung freut sich in erster Linie die ballherstellende Industrie. Manchmal auch Bauernkinder aus der Nachbarschaft, die unsere verirrten Kugeln einsammeln und sparsamen Vereinskameraden verkaufen. In amerikanischen Pro-Shops findet man solche Bälle oft in großen Körben mit der Aufschrift

„experienced balls". Die würde ich persönlich nie kaufen. Wer weiß, welche Erfahrungen diese Bälle gemacht haben, bevor sie in einem dieser unwürdigen Körbe endeten? Das unendliche Leid, das sie ertragen mussten? Ich habe Spieler gesehen, die ihre Bälle aufs Übelste beschimpften, ihnen gar drohten, bevor sie sie ins erstbeste Wasserhindernis beförderten. Wenn ein so erniedrigter Ball dann wochenlang auf dem Grund eines sauerstoffarmen Teichs vor sich hin rotten muss und von dämlichen, überdüngten Graskarpfen gepeinigt wird, ja so ein Ball ist doch traumatisiert! Nein danke, nicht für mich, ich spiele ausschließlich mit neuen Bällen. Nur ein neuer Ball ist ein guter Ball.

Und genau so einen nagelneuen Ball klaubte ich aus einer Schachtel, als Urs und ich neulich bei einer freundschaftlichen Runde den steilen Weg zum zweiten Abschlag emporstiegen. Da Urs die Ehre hatte, vom Aufstieg jedoch völlig außer Atem war, musste er sich etwas einfallen lassen, um Zeit zu gewinnen. So fragte er mich keuchend, ob der Ball, den ich da gerade ausgepackt hatte, überhaupt regelkonform sei. Obwohl bloß ein Vorwand, um zu verschnaufen, war das eine berechtigte Frage, denn auch wenn wir meist freundschaftliche Runden spielen, lassen wir keine Gelegenheit aus, uns mithilfe exotischer Regeln gegenseitig eins auszuwischen. In der Tat muss der Spieler nämlich bei der Auswahl seiner Bälle aufpassen, da nicht alle Fabrikate den Regeln entsprechen.

Regel 5 Der Ball

5-1 Allgemeines

Der vom Spieler gespielte Ball muss den in Anhang III geforderten Spezifikationen entsprechen.

Ich erkundigte mich nun meinerseits bei Urs, welche Kriterien denn für einen regelkonformen Ball gelten, und er musste prompt passen. Also schlugen wir im Regelbuch nach und fanden heraus, dass der Ball nicht mehr als 45,93 Gramm wiegen und den Mindestdurchmesser von 42,67 Millimeter nicht unterschreiten darf. Die Regeln wären nicht die Regeln, wenn sie nicht zusätzlich vorschreiben würden, dass das Ganze bei einer Temperatur von mindestens 22 und höchstens 24 °C gemessen werden muss. Ich bot Urs an, dass er meinen Ball gerne nachmessen dürfe, doch er winkte ab. Stattdessen fragte er nun: „Und wie ist das mit dieser Einschränkung, dass nur gewisse Bälle von irgendeiner Liste zugelassen sind?“ „Das bedeutet“, antwortete ich, „dass ausschließlich Bälle verwendet werden dürfen, die vom Royal & Ancient Golf Club of St. Andrews anerkannt sind. Sollte diese Regelung in Kraft sein, muss dies aber explizit in der Wettspielausschreibung stehen.“

Anmerkung: Die Spielleitung darf in der Wettspielausschreibung (Regel 33-1) festlegen, dass der vom Spieler gespielte Ball im aktuell gültigen Verzeichnis zugelassener Golfbälle des R&A aufgeführt ist.

„Darum empfiehlt es sich“, fuhr ich fort, „vor jedem Turnier nicht bloß die Local Rules, sondern eben auch die Wettspielausschreibung genauestens zu studieren. Wenn du allerdings kein allzu exotisches Ballfabrikat spielst, besteht keinerlei Grund zur Beunruhigung. Die Wettspielausschreibung kann übrigens nebst Einschränkungen zu den Bällen zum Besispiel auch das Nachputten auf dem Grün untersagen. Bei den Profis gilt zudem meistens, dass sie während der gesamten Runde nur einen Ball derselben Marke und desselben Modells spielen dürfen.“ Das interessierte Urs jedoch nicht mehr, denn er hatte sich inzwischen von den Strapazen des steilen Aufstiegs erholt und prahlte nun: „Letzte Woche habe ich in einem benachbarten Club einen Drive geschlagen – 266 Meter gegen den Wind. Wenn du ganz still bist, kannst du die Leute heute noch für diesen Meisterschlag applaudieren hören.“ „Und ich erst“, konterte ich, „ich habe am vergangenen Samstag meinen Drive aufs Vorgrün geschlagen – und das auf einem Par 4, das 318 Meter lang ist. Mein Mitspieler, der Arme, musste zum Kieferorthopäden, weil ihm drei Tage lang der Mund offen stand.“
Nachdem wir uns noch etwas weiter angestachelt hatten, schlugen wir drauf wie die Irren, und es erübrigt sich, zu sagen, dass wir gar nicht erst suchen mussten, da keiner sagen konnte, ob und wann unsere Bälle den Orbit wieder verlassen hatten. Wir einigten uns darauf,

dass es sich dabei zweifelsfrei um Mulligans handeln musste, die ersatzlos aus dem Protokoll zu streichen waren. Also kramten wir beide erneut einen Ball aus der Tasche und schlugen noch einmal mit aller Härte zu. Diesmal rollte Urs' Ball knapp ins Rough, während meiner immerhin im Semirough hängen blieb. „Ich schlage zur Sicherheit noch einen provisorischen Ball", erklärte Urs und setzte zu seinem nunmehr dritten Abschlag an. Dieser landete perfekt Mitte Fairway, was nicht weiter erstaunlich war, denn einen guten zweiten Drive kann bekanntlich jeder Depp schlagen, und einen guten dritten schaffen sogar wir zwei.
Als wir beim Rough ankamen, erkannten wir sofort, dass es keinen Sinn machen würde, lange nach Urs' Ball zu suchen: Das Gras war beinahe hüfthoch und so dicht, dass ein Ball unmöglich herausgeschlagen werden könnte. Urs erklärte daher sogleich: „Ich gebe meinen Ball auf und spiele mit dem provisorischen weiter." Was mich allerdings wunderte, war, dass er weiter angestrengt spähend durch die Wiese schritt. Auf meinen fragenden Blick hin meinte er mit erregter Stimme: „Das war ein brandneuer Pro V1 – den will ich wiederfinden." Und als ich nun mit gerunzelter Stirn zu seinem anderen Ball Mitte Fairway deutete, beruhigte mich Urs: „Ja, ja, ich weiß, was ich gesagt habe. Keine Sorge, ich werde mit Strafschlag den provisorischen weiterspielen. Trotzdem möchte ich aber

noch einen Moment suchen, okay?" „Das ist aber gemäß Regeln nicht zulässig", entgegnete ich grinsend. „Wieso nicht?", kam es prompt zurück. „Ich darf doch einen Ball aufgeben, wann immer ich will, oder etwa nicht?" „Ja, das stimmt grundsätzlich schon – du kannst deinen ursprünglichen Ball aufgeben, indem du einfach nicht nach ihm suchst. Damit hast du ihn faktisch aufgegeben. Du kannst ihn aber nicht einfach für verloren erklären. Wenn du deinen ursprünglichen Ball innerhalb von fünf Minuten auf dem Platz findest, ist er im Spiel."

Regel 27-2c) Provisorischen Ball aufgeben

Ist der ursprüngliche Ball weder verloren noch im Aus, so muss der Spieler den provisorischen Ball aufgeben und das Spiel mit dem ursprünglichen Ball fortsetzen.

Decision 27/16 Verloren erklärter Ball wird gefunden, bevor ein anderer Ball ins Spiel gebracht worden ist

Frage: Ein Spieler sucht zwei Minuten nach seinem Ball, erklärt ihn dann für verloren und geht zurück, um einen anderen Ball [...] zu spielen [...]. Bevor er einen anderen Ball ins Spiel bringt, wird sein ursprünglicher Ball noch innerhalb der zulässigen Suchzeit von fünf Minuten gefunden. Wie ist die Regelentscheidung?

Antwort: Ein Spieler kann nicht durch eine bloße Erklärung einen Ball als verloren aufgeben – siehe Erklärung „Verlorener Ball". Der ursprüngliche Ball blieb im Spiel [...].

Urs schaute mich reichlich verwirrt an, sodass ich nachlegte: „Das Problem ist, dass du einen Ball nicht mittels mündlicher Deklaration verloren geben kannst. Entweder der provisorische Ball kommt ins Spiel, weil der ursprüngliche im Aus liegt oder nicht innerhalb von fünf Minuten gefunden wird. Oder aber er kommt faktisch ins Spiel, weil du mit ihm weiterspielst und gar nicht nach dem ursprünglichen Ball suchst. Was du hingegen nicht tun kannst, ist mündlich den provisorischen Ball als im Spiel deklarieren und dennoch den ursprünglichen Ball suchen und womöglich aufnehmen."

Decision 27-2c/2 Ball – wahrscheinlich ursprünglichen – gefunden; Spieler will ihn aber ignorieren und mit dem provisorischen Ball weiterspielen

Frage: An einem Par-3-Loch spielt ein Spieler seinen Ball vom Abschlag in ein Dickicht. Da sein Ball verloren sein könnte, spielt er einen provisorischen Ball, der nahe beim Loch zur Ruhe kommt. Unter diesen Umständen wäre es für den Spieler von Vorteil, wenn er seinen ursprünglichen Ball gar nicht finden würde. [...] sein ursprünglicher Ball [...] [wird jedoch] gefunden [...]. Darf der Spieler diesen Ball ignorieren und mit dem provisorischen Ball weiterspielen?

Antwort: Nein. Der Spieler muss [...] das Spiel mit ihm [dem ursprünglichen Ball] fortsetzen oder ggf. nach Regel 28 (Ball unspielbar) verfahren. Der provisorische Ball muss aufgegeben werden – Regel 27-2c.

Urs schaute mich lange an und blickte dann eine Weile gedankenverloren ins Rough. Es fiel ihm offensichtlich schwer, seinen nagelneuen Ball einfach so aufzugeben. Daher wurde er kreativ: „Ich könnte ihn doch einfach, wenn ich ihn finde, für unspielbar erklären und sagen, dass ich noch einmal vom Abschlag spiele. Und diesen Schlag habe ich bereits gemacht, das ist nämlich mein provisorischer Ball." Er schaute mich gespannt an. „Nein", entgegnete ich, „in dem Moment, in dem du deinen ersten Ball findest, gibt es den provisorischen nicht mehr. Und wenn du ihn dann für unspielbar erklärst und noch einmal von hinten spielen möchtest, dann musst du tatsächlich erneut zurück." Urs fand natürlich, dass ich es wie immer übertriebe und ihm in einer freundschaftlichen Runde durchaus ein wenig entgegenkommen könnte. Ich blieb jedoch standhaft, denn ich habe mich an derlei Kritik gewöhnt. Golf ist nun mal die einzige Sportart, bei der einem genaue Regelkenntnis den Vorwurf der Unsportlichkeit einbringt. Als Urs realisierte, dass ich nicht mit mir verhandeln ließ, meinte er kurzerhand: „Was soll's, dann suchen wir eben nicht, und ich spiele mit dem provisorischen weiter." Und dann brummelte er, dass er den ursprünglichen Ball sowieso nicht finden wolle, denn ein Ball, der so krumm fliege, sei ein treuloser Ball, den wolle er nicht mal geschenkt.

Also machten wir uns auf zu unseren Bällen, die auf dem Fairway lagen, um nachzurechnen, wie weit wir geschlagen hatten. Im Rough verlorene Bälle haben wir schnell vergessen – gelungene Abschläge dagegen bleiben uns wochenlang in Erinnerung. Golf ist ein Weitenspiel.

Auto zu verkaufen

Eines der wohl traditionsreichsten und prestigeträchtigsten Amateurturniere im Golf wird von einem ebenso angesehenen Automobilhersteller veranstaltet. Und dort ist strikt nur eingeladen, wer einen Schlitten jener exklusiven Marke sein Eigen nennt, und es wird auch ausdrücklich gewünscht, dass alle Teilnehmer in einem solch eleganten Wagen zum Turnier anreisen.

Da ich vor Kurzem ein Kraftfahrzeug des betreffenden Herstellers erstanden hatte, flatterte mir eine Einladung ins Haus. Natürlich lud ich meinen Lieblingsgolfpartner Urs dazu ein, insbesondere weil er mich bisher immer wegen meines alten Wagens hochgenommen hatte, in den, wie er meinte, nicht einmal Inspektor Columbo einsteigen würde. Nun freute ich mich schon auf Urs' überraschtes Gesicht, wenn ich an jenem Morgen in meiner nigelnagelneuen Limousine bei ihm vorfahren würde.

Als es so weit war, staunte er tatsächlich gewaltig und lief dreimal um das Auto herum, bevor er sich sprachlos in die bequemen Ledersitze fallen ließ. Zufrieden startete ich den Motor, und mit sanftem Schnurren setzte sich mein Wagen einer Raubkatze gleich mit Anmut und Eleganz in Bewegung. Urs war sichtlich beeindruckt – doch das währte nicht sehr lange. An der dritten Kreuzung schaltete sich der Motor einfach aus und reagierte in der Folge auch auf gutes Zureden nicht mehr. Das war natürlich ein gefundenes Fressen für Urs, der mir nun vorhielt, da sei ihm mein vorheriger Rosthaufen doch lieber gewesen – der sei zwar alt gewesen, aber wenigstens gefahren. Und der neue Wagen sei zwar hübsch und exklusiv, aber wenn man es damit nicht einmal bis zur Ortsausfahrt schaffe, nütze das alles nichts, und es sei doch wieder mal typisch, dass ich mich durch Äußerlichkeiten blenden ließe. Dann schoben wir den Wagen in unseren albernen Golfklamotten von der Kreuzung, und Urs erklärte, er marschiere jetzt heim und hole seinen Wagen deutscher Qualität!

Aber ich bat ihn, nichts zu überstürzen, das sei bestimmt nur ein Wackelkontakt, schließlich sei der Wagen neu, und dann rief ich den exklusiven Pannendienst des Herstellers an, der nach wenigen Minuten bereits vor Ort war. Die exklusive Diagnose der Mechanikerin: Das Benzin sei alle. Aus einem Reservekanister füllte sie freundlicherweise meinen Tank auf und grinste dabei immerzu. Am Ende erklärte sie mir mitleidvoll, dass es auf dem Armaturenbrett eine Benzinanzeige gebe, und wenn der Zeiger weit links im roten Bereich sei, müsse ich tanken. Auf meinen Einwand, die Reichweitenanzeige habe noch 58 km angegeben, reagierte sie nur mit einem Schulterzucken, und dann setzte sie erneut ihr süffisantes Grinsen auf. Da ich mir das nicht länger ansehen wollte, machten wir uns schleunigst wieder auf die Reise.

An der nächsten Tankstelle füllten wir den Tank bis oben voll. Wir fuhren nun etwas schneller als erlaubt, um die verlorene Zeit wettzumachen, doch kaum waren

wir zehn Minuten unterwegs, verabschiedete sich der Motor erneut – diesmal mit einem abrupten Rucken und bei Tempo 140. Ich weiß nicht mehr wie, aber am Ende kamen wir auf dem Pannenstreifen zum Stillstand, gerade noch vor einem Tunnel.
Bald darauf näherte sich die grinsende Dame vom Pannendienst zum zweiten Mal. Ihre Diagnose: kein Benzin. Wie sich herausstellte, hatte der Tank ein Loch – so etwas könne vorkommen. Man wollte uns dafür einen Ersatzwagen schicken, was aber mindestens zwei Stunden dauere. Urs regte sich derweil maßlos auf: Er nannte meinen Wagen „Schrott auf Rädern" und verwünschte die Autofirma und meinte, dass er an seinem freien Tag Besseres zu tun hätte, als stundenlang auf einem Pannenstreifen zu stehen. Da er sowieso schon außer sich war, eröffnete ich ihm, dass wir vermutlich disqualifiziert würden, weil damit zu rechnen sei, dass wir unsere Startzeit verpassten.

Regel 6-3a) Abspielzeit

Der Spieler muss zu der von der Spielleitung angesetzten Zeit abspielen. [...] Strafe für Verstoß gegen Regel 6-3: Disqualifikation.

Davon wollte er natürlich überhaupt nichts wissen: „Disqualifiziert? So weit kommt's noch. Ich kann ja als Spieler nichts dafür, wenn ich eine Panne habe. Dafür müssen die Golfregeln doch Verständnis haben."
Leider war dem nicht so, und ich erläuterte Urs die entsprechende Decision.

Decision 6-3a/1.5 Umstände, die die Aufhebung der Strafe der Disqualifikation nach Regel 6-3a rechtfertigen würden

Frage: Die Spielleitung darf in Ausnahme- und Einzelfällen die Strafe der Disqualifikation für Versäumen der Abspielzeit (Regel 6-3a) unter Anwendung von Regel 33-7 aufheben. Bezug nehmend auf die folgenden Beispiele: Welche dieser Tatbestände sind als so außergewöhnlich einzustufen, dass die Aufhebung der Strafe durch die Spielleitung gerechtfertigt wäre, wenn der Spieler zur angesetzten Abspielzeit nicht abspielbereit ist:

(1) Spieler hat sich auf dem Weg zum Golfplatz verirrt oder verfahren.

(2) Wegen starken Verkehrs dauerte die Fahrt zum Golfplatz länger als angenommen.

(3) Wegen eines schweren Unfalls dauerte die Fahrt zum Golfplatz länger als angenommen.

(4) Der Spieler hatte auf dem Weg zum Golfplatz mit seinem Auto eine Panne.

(5) Der Spieler war Augenzeuge bei einem Verkehrsunfall, musste erste Hilfe leisten oder als Zeuge gehört werden. Ansonsten hätte er seine Abspielzeit nicht versäumt.

Antwort: Hierzu gibt es keine Faustregel. Die richtige Vorgehensweise hängt von den jeweiligen Umständen des Einzelfalls ab und muss zur Beurteilung der Spielleitung überlassen werden.

Lediglich Beispiel (5) beinhaltet außergewöhnliche Umstände, die die Aufhebung der Strafe der Disqualifikation nach Regel 6-3a rechtfertigen würden.

Das brachte Urs einmal mehr richtig auf die Palme: „Ich glaube, du spinnst komplett! Weißt du eigentlich, dass du der einzige Spieler auf der Welt bist, der sich ständig freiwillig selbst disqualifiziert? Das ist mir abgesehen davon egal – aber solange du mit mir spielst, disqualifizierst du uns nicht, ist das klar?" Und dann wollte er die Nummer vom Golfclub, um zu sagen, dass wir verspätet ankommen würden und dass man uns gefälligst eine neue Startzeit geben solle.
Als nach schier endlosem Warten unser Ersatzwagen eintraf, machten wir uns sofort daran, das Gepäck umzuladen. Doch nun ließ sich der Kofferraum plötzlich nicht mehr öffnen. Es war unglaublich. Schließlich brachten wir es mithilfe der Mechanikerin fertig, unsere Golfbags durch die Rückbank herauszuziehen und im neuen Wagen zu verstauen.
Als wir dann endlich am Golfplatz eintrafen, teilte man uns ohne viel Aufhebens eine neue Startzeit zu – das sei ganz üblich, da bei diesem Turnier immer zahlreiche Spieler buchstäblich auf der Strecke blieben. Es gab uns zu denken.
Unsere neue Startzeit war 12.20 Uhr, im letzten Flight. Wir wurden mit einem anderen Team eingeteilt, das anscheinend ebenfalls eine Panne gehabt hatte und nun mit einem Ersatzwagen unterwegs war – da hätten wir wenigstens ein gemeinsames Gesprächsthema. Kurz nach 12 Uhr hieß es dann jedoch, unsere Flightpartner

kämen nicht mehr, der Ersatzwagen habe ebenfalls den Geist aufgegeben. Wir würden deshalb alleine spielen müssen, aber ein Autofachverkäufer namens Emil Freytag würde uns dafür als Zähler begleiten.
Dieser hatte entweder nicht damit gerechnet, auf den Golfplatz zu müssen, oder aber er hatte schlicht keine Ahnung. Er trug nämlich alte, ausgewaschene Jeans und gab sich auch sonst betont lässig: Er habe auch einmal Golf ausprobiert, und nach der ersten Stunde habe ihm sein Golflehrer gesagt, er sei so talentiert, er würde ihm sofort ein Handicap ausstellen. Worauf er, Freytag, gefunden habe, der Sport sei ihm zu einfach, und es bei der einen Stunde belassen habe. Mit einem zufriedenen und vielsagenden Nicken schloss er seinen Vortrag mit der Aussage: „Ich weiß schon, wie Golf geht." Ich ging auf den Schwachsinn gar nicht ein und nutzte dafür die Gelegenheit, um ihm mein automobiles Leid zu schildern. Freytag zeigte sich aber gänzlich unbeeindruckt und meinte nur, ein Automobil sei nun mal ein technisches Produkt, und wie bei allen technischen Produkten seien da gewisse Toleranzen unvermeidbar. Auch ein Loch im Tank sei dabei nichts Ungewöhnliches. Ich war offensichtlich einfach zu intolerant! Dass ich in jenem Augenblick meinen Driver nicht zweckentfremdete, verdanke ich allein meinem Golfpartner Urs, der mir beruhigend die Hand auf die Schulter legte und ins Ohr flüsterte: „Am dritten Loch gibt es ein Wasserhindernis. Dort werden wir ihn versenken."

Um 12.20 Uhr teete ich meinen Ball auf, konnte in der Folge aber nicht abschlagen, da sich ein Spieler dem Tee näherte. Er stammte aus dem vorderen Flight und kehrte zum Abschlag zurück – offenbar hatte er seinen Ball nicht gefunden. Ich machte ihm Platz, doch kaum hatte er seinen Ball aufgeteet, schrien seine Mitspieler und fuchtelten wild mit den Armen, worauf ich meinte, dass sein Ball nun wohl doch gefunden worden sei. Der Spieler schaute kurz auf, meinte dann aber, er spiele einen provisorischen, sonst wäre er den ganzen Weg umsonst zurückgelaufen. Zudem wisse er nicht, ob es sich beim gefundenen Ball tatsächlich um seinen handle. „Das geht nicht", erklärte ich, „einen provisorischen Ball kann man nur spielen, *bevor* man voranschreitet und nach dem ersten sucht. Nun, da Sie zurückgekehrt sind, können Sie ausschließlich einen neuen Ball spielen. Das heißt, wenn Sie jetzt abschlagen ist der neue Ball mit einem Strafschlag im Spiel."

Regel 27-2 Provisorischer Ball

a) Verfahren

[...] Der Spieler muss [...] seinen Zähler oder einen Mitbewerber im Zählspiel unterrichten, dass er einen provisorischen Ball zu spielen beabsichtigt, und muss ihn spielen, bevor er oder sein Partner nach vorne gehen, um den ursprünglichen Ball zu suchen.

Versäumt er dies und spielt einen anderen Ball, so ist dieser Ball kein provisorischer Ball und wird unter Strafschlag und Distanzverlust (Regel 27-1) zum Ball im Spiel, wohingegen der ursprüngliche Ball verloren ist.

Trotz meiner Ausführungen schlug er auf den Ball und meinte, das sei eben doch ein provisorischer gewesen, und meine Regelauslegung sei unzutreffend. Ohne auf eine Antwort zu warten, eilte er wieder zu seinem Flight zurück und nahm unterwegs den vermeintlich provisorischen Ball auf. Dann sah ich, wie er tatsächlich seinen ursprünglichen Ball aufs Grün schlug, was natürlich ein schwerwiegender Regelverstoß war: Als er nämlich einen neuen Ball ins Spiel brachte, war der ursprüngliche Ball verloren, und damit hatte er nun einen falschen Ball gespielt. Das hieß, er bekam zwei Strafschläge für das Spielen mit einem falschen Ball.

Regel 15-3 Falscher Ball

b) Zählspiel

Macht ein Bewerber einen Schlag oder Schläge nach einem falschen Ball, so zieht er sich die Strafe von zwei Schlägen zu. Der Bewerber muss seinen Fehler durch Spielen des richtigen Balls beheben [...] Schläge eines Bewerbers mit einem falschen Ball werden nicht zu seiner Schlagzahl hinzugerechnet.

Darüber hinaus musste er den Fehler beheben, indem er seinen zweiten Ball weiterspielte, den er regelkonform mit einem Strafschlag ins Spiel gebracht hatte. Da er diesen in der Zwischenzeit allerdings unerlaubterweise aufgenommen hatte, musste er ihn zuerst mit einem Strafschlag zurücklegen.

Regel 18 Ball in Ruhe bewegt
18-2 Durch Spieler [...]
a) Allgemeines

Ist der Ball eines Spielers im Spiel und

(I) der Spieler, sein Partner oder einer ihrer Caddies nehmen ihn auf [...], so zieht sich der Spieler einen Strafschlag zu. Der Ball muss [...] zurückgelegt werden [...]

Damit würde er, anstatt vermeintlich mit zwei Schlägen am Grün zu liegen, erneut vom Fairway spielen müssen und zum siebten Schlag ansetzen. Ich fragte mich, wie ich ihm das klarmachen sollte. Zum Glück hatten wir Freytag dabei. Ich wies ihn an, nach vorne zu gehen und die Lage klarzustellen, da der betreffende Spieler disqualifiziert würde, wenn er mit dem falschen Ball einlochen und weiterspielen würde.

Regel 15-3 Falscher Ball
b) Zählspiel

[...] Der Bewerber muss seinen Fehler durch Spielen des richtigen Balls beheben [...]. Behebt er seinen Fehler nicht, bevor er einen Schlag auf dem nächsten Abschlag macht [...], so ist er disqualifiziert.

Decision 15/5 Ursprünglicher Ball wird gefunden und gespielt, nachdem ein anderer Ball ins Spiel gebracht worden war

Frage: Ein Spieler, der seinen Ball nach kurzer Suche nicht gefunden hat, lässt einen anderen Ball (Ball B) nach Regel 27-1 fallen und spielt ihn. Sein ursprünglicher Ball wird dann innerhalb fünf

Minuten gefunden, nachdem die Suche nach ihm begonnen wurde. Der Spieler nimmt Ball B auf und spielt mit seinem ursprünglichen Ball weiter. War dies richtig?
Antwort: Nein. Als der Spieler den neu eingesetzten Ball an der Stelle des vorausgehenden Schlags [...] ins Spiel brachte [...], verfuhr er nach einer anwendbaren Regel [...] und er muss mit dem neu eingesetzten Ball weiterspielen [...] Für das Aufnehmen des Balls B hat sich der Spieler einen Strafschlag nach Regel 18-2a zugezogen. Als er den Schlag mit dem ursprünglichen Ball gespielt hatte, der nicht mehr im Spiel war, hat er einen falschen Ball gespielt – siehe Erklärungen „Ball im Spiel" und „Falscher Ball" – und somit [...] sich im Zählspiel zwei weitere Strafschläge zugezogen (Regel 15-3). Im Zählspiel ist er disqualifiziert, wenn er seinen Fehler nicht behebt, bevor er vom nächsten Abschlag spielt (Regel 15-3b).

Freytag war das eindeutig zu viel Aufwand, und er meinte, heute sei das ausnahmsweise straflos, aber er werde den Spieler nach der Runde ermahnen, und dann zwinkerte er mir zu: „Als Veranstalter habe ich nun mal die Möglichkeit, gewisse Regeln außer Kraft zu setzen." Mein Partner und ich schauten uns an, und ich erkannte, dass dies selbst für Urs, der sonst den Regeln gegenüber etwas liberaler eingestellt ist, zu viel des Guten war. Also teilten wir Freytag mit, dass er sich nicht die Mühe zu machen brauche, mit uns mitzulaufen, wir würden nämlich freiwillig auf die Teilnahme an seinem Turnier verzichten und einfach nur zum Spaß spielen und intern zocken. Freytag war zwar etwas erstaunt, aber zugleich sichtlich erfreut, dass er sich nicht mit uns über den Platz quälen musste. Und so kam es, dass wir sechseinhalb Stunden hinter dem Turnier her spielten und damit der Tag im wahrsten Sinn des Wortes für die Katz war.

Das Duell

Bevor ich mich für das Dasein als Schiedsrichter und Schriftsteller entschied, war ich ein paar Wochen bei einem Großkonzern tätig. Dieser hatte, wie das bei vielen Großunternehmen der Fall ist, auch eine eigene Golfturnierserie. Und so kam es, dass ich nur wenige Tage nach Antritt der besagten Stelle bereits zu einem unserer Turniere eingeladen wurde. Meine Mitspieler waren ein gewisser A. und ein gewisser M., beides richtig hohe Tiere und Vorstandsmitglieder unserer Firma. Dazu gesellte sich noch mein direkter Vorgesetzter.

Mein Chef konnte, um es kurz zu sagen, überhaupt nicht Golf spielen. Seine Bälle kullerten so unglücklich in der Gegend umher, dass man bestenfalls Mitleid mit ihm haben konnte. Nach meiner Meinung hatte er auf einem Golfplatz nichts verloren. Irgendwie achtete ich wohl etwas zu wenig auf meinen Gesichtsausdruck, denn plötzlich fuhr er mich an, ich solle nicht so ein Gesicht machen, schließlich hätte ich auch mal klein angefangen! Zudem hätten Anfänger wie er ihr gutes Recht, auf dem Golfplatz zu sein, im Gegensatz zu Leuten wie mir, die bei jedem Schlag so ein Riesendivot raushauten. Er mache den Platz viel weniger kaputt – er toppe seine Bälle nämlich immer! Ich nickte.

Was ich erst nach einigen Löchern realisierte, war, dass sich A. und M. überhaupt nicht mochten. Wie ich im Nachhinein erfuhr, herrschte zwischen den beiden seit Langem ein erbitterter Machtkampf, der sich sogar

außerhalb des Unternehmens fortsetzte – so auch im Golf. Und nun hatte sie ein unwissender Clubmanager ausgerechnet zusammen in einen Flight gesteckt.
Unsere Runde war denn auch geprägt vom Zweikampf zwischen A. und M. Beide waren so verbissen, dass sie kaum ein Wort sprachen, und wenn, dann nur, um zu lamentieren: War ein Putt zu lang, dann waren die Grüns zu schnell, war ein Putt zu kurz, dann war genau dieses Grün langsamer als alle anderen, und überhaupt war immer irgendetwas nicht recht. Selbst wenn einem von ihnen einmal ein hervorragender Schlag glückte, regte er sich noch maßlos darüber auf, dass der Ball nicht noch näher am Loch gelandet war. Zudem empörte sich A. über alles, was M. sagte oder machte, und M. ärgerte sich gleichermaßen über A. Ich war die ganze Zeit damit beschäftigt, die beiden zu besänftigen, um eine Eskalation zu vermeiden. Die Atmosphäre im Flight war unerträglich, und ich hatte keine Chance, mich auf mein eigenes Spiel zu konzentrieren. Wie glücklich musste sich da mein Chef schätzen: Er hatte gar kein Spiel, auf das er sich hätte konzentrieren können.
Nach neun Löchern hatte A. einen Vorsprung von zwei Schlägen herausgespielt, und prompt kam M. zu mir und fragte, ob ich das auch gesehen habe. Ich fragte: „Was gesehen?“ „Am zweiten Loch“, antwortete er. Ich fragte: „Am zweiten Loch?“, und er meinte: „Ja, am zweiten Loch hat A. auf dem Grün den Ball beim Zurücklegen deutlich vor seiner Marke platziert. Damit

hat er sich einen Vorteil von mindestens eineinhalb Zentimetern verschafft. Dafür ist doch bestimmt eine Strafe vorgesehen in den Regeln?" „Ja, natürlich ist für einen solchen Fall Strafe vorgesehen", entgegnete ich, „das wäre Spielen von einem falschen Ort und gibt zwei Strafschläge."

Decision 20-7c/1 Ball an falschen Ort auf dem Grün zurückgelegt und eingelocht

Frage: Im Zählspiel legt ein Bewerber beim Zurücklegen seines Balls auf dem Grün den Ball versehentlich an einen falschen Ort in der Nähe hin und locht ein. Der Fehler wird bemerkt, der Bewerber legt seinen Ball an den richtigen Ort und locht ein. Wie ist die Regelentscheidung?

Antwort: Die Schlagzahl mit dem vom falschen Ort gespielten Ball zählt und der Bewerber hat dieser Schlagzahl zwei Strafschläge hinzuzurechnen [...]

Ich habe selten ein so zufriedenes Gesicht gesehen wie das von M., nachdem ich meine Ausführungen beendet hatte. Mit diesen zwei Schlägen wäre sein Rückstand wettgemacht, und er musste sich richtiggehend zusammenreißen, um nicht laut herauszujauchzen. Hastig fügte er an: „Nicht dass ich A. sein gutes Resultat nicht gönnen würde, aber Regeln sind nun mal Regeln, nicht wahr?" Und dann machte er wieder dieses zufriedene Gesicht, das ich sonst nur von Menschen kenne, die das Golfspiel aufgegeben haben. „Ja schon", meinte ich etwas zögerlich, „aber ich muss Ihnen ehrlich sagen, dass ich nicht gesehen habe, wie A. je seinen Ball zu weit vor seine Marke gesetzt hat. Zudem wäre es ratsam, so etwas vor dem Schlag zu beanstanden und nicht hinterher – und schon gar nicht erst sieben Löcher später, dann kann sich nämlich niemand mehr daran erinnern. Also vergessen Sie das mit den Strafschlägen am besten wieder. Wenn Sie das nächste Mal etwas zu beanstanden haben, sagen Sie es sofort, und sonst schweigen Sie für immer.“ In M.s Augen spiegelte sich blankes Entsetzen. Ich realisierte, dass ich karrieretechnisch gesehen gerade so etwas wie Selbstmord begangen hatte. Schließlich musste ich mich von ihm abwenden, da ich mir plötzlich nicht mehr ganz sicher war, ob Blicke vielleicht nicht doch töten könnten.

Trotz seiner Wut holte M. in der Folge rasch auf und ging gegenüber A. sogar in Führung. Nach 16 Löchern verbissenstem Kampf lag er nun seinerseits mit zwei Schlägen voraus. Nachdem an der 17, einem kurzen Par 3, alle abgeschlagen hatten, schien dieser Vorsprung aber bereits wieder dahingeschmolzen. M. hatte einen so fürchterlichen Hacker produziert, dass sein Ball nach kurzem, krummem Flug nur den Weg ins hohe Rough gefunden hatte, während A. seinen Ball elegant aufs Grün gespielt hatte. M. musste nun einen provisorischen Ball spielen und setzte diesen dafür tot an die Fahne. Und ich meine wirklich tot, denn er hätte ihn um ein Haar eingelocht. Als wir uns zu seinem ersten

Ball aufmachten, realisierten wir schnell, dass es keinen Sinn hatte, lange danach zu suchen. Das Rough war hoch und bestand überwiegend aus dornigem Gestrüpp und Brennnesseln. In Anbetracht der hervorragenden Lage seines provisorischen Balls entschied M. deshalb, gar nicht erst zu suchen und mit dem provisorischen Ball weiterzuspielen. Als er diese Absicht verkündete, war es allen recht – außer A.: „Als Spieler darf ich doch fünf Minuten nach meinem Ball suchen?“ Ich nickte. „Darf ich auch fünf Minuten nach dem Ball meines Mitspielers suchen?“ Ich wusste nicht so recht, worauf er hinauswollte: „Ja schon, aber ...“ „Gut“, unterbrach er mich sofort, „dann werde ich jetzt fünf Minuten nach diesem Ball suchen.“ Er drehte sich um und watete lustvoll ins hohe Rough. Offenbar hoffte er, den Ball zu finden, sodass M. nicht von der hervorragenden Lage seines provisorischen Balls profitieren könnte. Denn wenn der erste Ball gefunden würde, dürfte er mit dem provisorischen Ball nicht mehr weiterspielen. Er müsste in diesem Fall den ursprünglichen Ball spielen, wie er liegt, oder ihn für unspielbar erklären.

Regel 27-2c) Provisorischen Ball aufgeben

Ist der ursprüngliche Ball weder verloren noch im Aus, so muss der Spieler den provisorischen Ball aufgeben und das Spiel mit dem ursprünglichen Ball fortsetzen.
[...]

Die Aktion war nicht gerade sportlich von A. und auch dem Spielfluss nicht zuträglich, aber es war – regeltechnisch gesehen – sein gutes Recht. Ich wusste dennoch Abhilfe. „Am besten, Sie laufen schnell zu Ihrem provisorischen Ball und lochen ihn ein“, riet ich M., „dann gilt nämlich das Resultat mit dem provisorischen Ball.“ M. schaute mich nur verwirrt an, und ich fügte hinzu: „Den Rest erkläre ich Ihnen später.“ Ich hatte ihn rasch überzeugt, denn er rannte nun wie ein Irrer zum Grün, um seinen Ball einzulochen.
Wenig später wandte ich mich zu A. „Okay, Sie können jetzt aufhören zu suchen“, wies ich ihn an. „M. hat seinen provisorischen Ball bereits eingelocht.“ „Was?“, rief A. prompt aus, „Was soll denn das heißen, er hat seinen Ball eingelocht? Er muss doch warten, bis ich hier meine fünf Minuten zu Ende gesucht habe.“ „Nein“, erklärte ich, „kein Spieler ist gezwungen, die ganzen fünf Minuten auszunutzen. Man kann die Suche auch schon vorher abbrechen und weiterspielen. Oder man kann erst gar nicht zu suchen anfangen. Das ist jedem freigestellt.“ „Ja, aber ...“, versuchte sich A. zu wehren, doch ich unterbrach ihn sogleich wieder: „Und weil M. einen Schlag mit seinem provisorischen Ball gemacht hat, der näher beim Loch lag als der ursprüngliche Ball, ist der provisorische automatisch mit einem Strafschlag zum Ball im Spiel geworden. Das heißt, es hat gar keinen Sinn mehr, länger zu suchen.“

Regel 27-2b) Provisorischer Ball wird Ball im Spiel

Der Spieler darf einen provisorischen Ball spielen, bis er den Ort erreicht, an dem sich der ursprüngliche Ball mutmaßlich befindet. Macht er mit dem provisorischen Ball einen Schlag von dem Ort, an dem sich der ursprüngliche Ball mutmaßlich befindet, oder von einem Punkt, der näher zum Loch liegt als dieser Ort, so ist der ursprüngliche Ball verloren und der provisorische Ball wird unter Strafschlag und Distanzverlust (Regel 27-1) zum Ball im Spiel.

A. schnappte nach Luft: „Aber, das geht doch nicht ... abgesehen davon, wäre er noch gar nicht mit Spielen an der Reihe gewesen." „Das spielt in diesem Fall keine Rolle", erwiderte ich, „das Spielen in falscher Reihenfolge ist zwar, streng genommen, nicht regelkonform, zieht hier aber keine Konsequenzen nach sich."

Decision 27-2b/1 Fortsetzen des Spiels mit dem provisorischen Ball, ohne nach dem ursprünglichen Ball zu suchen

Frage: An einem Par-3-Loch spielt ein Spieler seinen Ball vom Abschlag in dichtes Gestrüpp. Er spielt einen provisorischen Ball, der nahe am Loch zur Ruhe kommt. Wegen der günstigen Lage des provisorischen Balls will der Spieler seinen ursprünglichen Ball gar nicht mehr finden. So sucht er gar nicht erst nach ihm, sondern geht direkt zu seinem provisorischen Ball, um mit diesem das Spiel fortzusetzen. Sein Gegner (oder Mitbewerber) glaubt aber, dass es für ihn von Nutzen wäre, wenn der ursprüngliche Ball des Spielers gefunden würde. Darf der Gegner (oder Mitbewerber) nach dem Ball des Spielers suchen?

Antwort: Ja. Nach Billigkeit (Regel 1-4) darf er fünf Minuten suchen, außer der Spieler spielt währenddessen einen Schlag mit dem provisorischen Ball, der ja näher zum Loch liegt als der Ort, an dem sich der ursprüngliche Ball mutmaßlich befindet. Der Spieler ist zum Spielen dieses Schlags berechtigt. Tut er dies, so gilt der ursprüngliche Ball gemäß Regel 27-2b als verloren und eine weitere Suche nach ihm hätte keinen Sinn. [...]

A. war außer sich. Ich sei parteiisch, warf er mir vor und fügte dann mit finsterem Blick an, ich solle mich besser raushalten aus Sachen, die mich nichts angingen. Dann kam er aus dem Rough gestapft und machte sich auf zum Grün.
Nachdem A. das Par gespielt hatte, lag M., der trotz des miserablen Abschlags noch ein Bogey hatte retten können, nun immer noch einen Schlag voraus. Erst als M. seinen Abschlag an der 18 erneut unter Bäume setzte, gab es noch einmal Hoffnung für A. Diesmal half er, im Gegensatz zum vorhergehenden Loch, nur widerwillig beim Suchen. Und als wir den Ball gefunden hatten, machte er sich zähneknirschend davon.
Ich stand noch immer ganz in der Nähe, als sich M. für seinen Schlag bereit machte, und da geschah es: Als er den Schläger aufsetzte, rollte sein Ball ein paar Zentimeter weg. M. ließ sich jedoch nichts anmerken und sprach seinen Ball seelenruhig an der neuen Position an. Dann blickte er sich vorsichtig um, um zu sehen, ob ich sein Malheur mitbekommen hatte. Ich schaute ihn mit großen Augen an, um ihm zu

signalisieren, dass ich die Bewegung seines Balls sehr wohl gesehen hatte. „Das war der Wind", ließ er mich trotzig wissen. „Es spielt keine Rolle, ob es der Wind oder sonst etwas war", antwortete ich, „sobald der Spieler seinen Ball angesprochen hat und sich dieser bewegt, gilt die Bewegung als vom Spieler verursacht."

Regel 18-2b) Ball bewegt sich nach Ansprechen

Bewegt sich der Ball im Spiel, nachdem der Spieler ihn angesprochen hat [...], so gilt der Ball als vom Spieler bewegt, und er zieht sich einen Strafschlag zu. Der Ball muss zurückgelegt werden [...]

Ich sah richtig, wie sich sein Magen zusammenzog. Er war einer der mächtigsten und angesehensten Wirtschaftsbosse im Land und hatte in seinem Leben alles erreicht. Das Einzige, was ihm nun wirklich noch etwas bedeuten würde, wäre, heute über seinen Kontrahenten zu triumphieren. Und nun, da der Sieg zum Greifen nahe war, stand nur noch ich im Weg. Er schaute mich an, und sein Blick sagte mehr als tausend Worte: Wenn ich ihm hier einen Strafschlag geben würde, könnte ich mir auf der Stelle eine neue Arbeit suchen, dafür würde er persönlich sorgen. Doch ich verzog nicht die geringste Miene. Schließlich flüsterte er mit bebender Stimme: „Ich werde diesen Ball jetzt spielen, und Sie werden mir keinen Strafschlag geben." In seinen Augen blitzte es. „Ich werde Ihnen sogar deren zwei geben, wenn Sie den Ball nicht zurücklegen", entgegnete ich und fügte altklug hinzu: „Erinnern Sie sich, was Sie mich nach dem neunten Loch gefragt haben?“ Ohne auf eine Antwort zu warten, schloss ich mit den Worten: „Zwei Strafschläge für das Spielen von falschem Ort.“

Regel 20-7 Von falschem Ort spielen
c) Zählspiel
Macht ein Bewerber einen Schlag von einem falschen Ort, so zieht er sich die Strafe von zwei Schlägen nach der anwendbaren Regel zu.

Regel 18-2b) Ball bewegt sich nach Ansprechen
Strafe für Regelverstoß: [...] Zählspiel – Zwei Schläge.

Wir blickten uns noch eine ganze Weile an, bevor M. schließlich den Ball tatsächlich mit einem Strafschlag zurücklegte. Er konnte selbst nicht fassen, dass er das tat. Und durch den verlorenen Schlag stand es am Schluss tatsächlich unentschieden zwischen A. und M. Ich hielt das für den besten Fall, der hatte eintreffen können, doch meine beiden Mitspieler waren da ganz anderer Meinung: Sie waren zornig und überzeugt, dass sie den Sieg nur wegen mir und meiner dämlichen Regelauslegungen verpasst hätten. Schließlich brummelten sie etwas von Scheißflightzusammenstellung, wobei ich ihnen beipflichten konnte: Nette Flights kann man auch nur mit netten Menschen zusammenstellen.

Aller guten Hölzer sind fünf

Als sich mein Golffreund Urs an jenem Morgen dem Abschlag näherte, bemerkte ich bereits von Weitem, dass etwas anders war als sonst. Er hatte dieses geheimnisvolle Lächeln im Gesicht, das ich bisher nur bei Leonardos Mona Lisa gesehen hatte. Ich meine, okay, es war Freitag und damit unser freier Tag, wir waren auf dem Golfplatz – sicher ein Grund zur Freude. Aber sein Gesicht strahlte so ein überirdisches Glück aus und hatte diesen „Ich bin eins mit dem Kosmos"-Faktor, wie ich das sonst nur von schwangeren Frauen kenne. Er erwiderte nicht einmal meinen Morgengruß, er lächelte mich nur immerzu an. „Was ist los", fragte ich, „stimmt irgendetwas nicht?" Doch Urs sagte noch immer nichts, sondern schaute mir nur tief in die Augen, sodass mir vor lauter Glückseligkeit beinahe schwindlig wurde. „Bist du den Zeugen Jehovas beigetreten? Hast du von Uriellas Wässerchen getrunken?" Er schüttelte fast unmerklich den Kopf und deutete nur stumm auf sein Golfbag. Und da traf mich beinahe der Schlag. „Du hast einen neuen Driver!", rief ich aus. Urs nickte stolz.

Nun war alles klar. Wobei ich das nicht gerade fair fand. Wenn man sich einen neuen Driver kauft, sollte man dies wenigstens seinem Gewohnheitsgegner vorab mitteilen und ihm Gelegenheit geben, sich ebenfalls eine Geheimwaffe zuzulegen. Ich werde diesen Fall nach St. Andrews rapportieren, mit der Bitte, für die nächste Regelrevision einen entsprechenden Absatz vorzumerken.

Urs blickte mich erwartungsvoll an, auf dass ich endlich seinen neuen Driver in die Hand nehmen und ehrfürchtig über das blank polierte Metall streichen würde. Doch diesen Gefallen tat ich ihm nicht. Stattdessen griff ich in seine Tasche, zog ein Hölzchen 7 heraus und meinte: „Was ist denn das?“ Und bevor er etwas erwidern konnte, griff ich erneut in sein Bag und zog einen weiteren Schläger heraus, der unter einer dieser putzigen Tierhauben versteckt war – unter einem Frosch, wohlgemerkt. Ich traute meinen Augen kaum, als darunter ein Holz 9 zum Vorschein kam. „Was um Himmels willen ist denn das?“, rief ich entsetzt. Urs versuchte, mir das Hölzchen aus der Hand zu zerren, doch ich ließ nicht los. „Das gehört mir nicht“, spielte er die Sache herunter, „das hat mir der Pro ausgeliehen, damit ich es ... äh … für ihn teste.“ Urs hielt mir seinen neuen Driver entgegen, doch ich starrte immer noch auf das Ding mit der Neun: „Du bist doch jung und kräftig, wieso spielst du jetzt mit so einem Prostata-Hölzchen?“ Entnervt ließ Urs seinen Driver sinken. Dass ich seine weiteren Hölzer entdeckt hatte, war ihm gar nicht recht. „Aber den Frosch“, ergänzte ich, „den finde ich total passend!“ Das war’s. Nun riss er mir die Schläger aus der Hand und steckte sie verärgert in sein Bag. „Lass uns abschlagen.“

„Abschlagen, abschlagen“, erwiderte ich, „mit fünf Hölzern und elf Eisen? Was für ein Spiel soll das denn werden?“ Urs zählte selbst nach und kam ebenfalls auf sechzehn Schläger. Das waren eindeutig zwei zu viel.

Regel 4-4 Höchstzahl von 14 Schlägern
a) Auswahl und Hinzufügen von Schlägern
Der Spieler darf eine festgesetzte Runde nicht mit mehr als 14 Schlägern antreten. [...]

Zwar spielten wir kein Turnier, aber unsere übliche Zockerrunde, und deshalb achteten wir auf die Einhaltung der Regeln – ich zumindest. „Okay, ich verzichte auf mein 3er- und mein 4er-Eisen und erkläre diese für neutralisiert", meinte Urs. „Das nützt nichts", erwiderte ich, „man darf die Runde nicht mit mehr als 14 Schlägern beginnen." Er gab sich jedoch nicht geschlagen: „Aber ich habe doch gesagt, dass ich die überzähligen Schläger neutralisiere und nicht benutzen werde. Dieses Vorgehen ist von den Regeln ausdrücklich vorgesehen, wenn ich mich nicht irre." Wir lasen im Regelbuch nach:

Regel 4-4c) Überzähliger Schläger neutralisiert
Jeder unter Verstoß gegen Regel 4-3a (III) oder Regel 4-4 mitgeführte oder gebrauchte Schläger muss vom Spieler [...] unverzüglich nach Feststellung des Verstoßes für neutralisiert erklärt werden. Der Spieler darf den oder die Schläger für den Rest der festgesetzten Runde nicht mehr gebrauchen.

„Na also", triumphierte Urs, „da steht es doch schwarz auf weiß." Ich war aber nicht ganz einverstanden: „Da steht, dass überzählige Schläger neutralisiert werden dürfen und sogar müssen – aber erst nach Feststellung des Verstoßes. Und ein Verstoß kann erst nach Antritt der Runde festgestellt werden, denn vorher ist es noch kein Verstoß. Damit kann man einen Schläger nicht schon vor der Runde neutralisieren." „Papperlapapp", erwiderte Urs, „du legst die Regeln wieder einmal viel zu eng aus. Das wäre ja total bescheuert." Ich konnte seine Argumentation gut verstehen. Nur, die Regeln sind eben manchmal total bescheuert.

Decision 4-4c/1 Überzähligen Schläger vor der Runde für neutralisiert erklärt und auf dem Boden des motorisierten Golfwagens abgelegt

Frage: Bevor er eine Runde beginnt, bemerkt ein Spieler, dass er 15 Schläger in seiner Golftasche hat. Er erklärt einen der Schläger für neutralisiert, nimmt ihn aus seiner Golftasche, legt ihn auf den Boden seines motorisierten Golfwagens und beginnt die Runde. Hat sich der Spieler Strafe zugezogen?

Antwort: Ja, da er die Runde mit mehr als 14 Schlägern angetreten hat. Regel 4-4c befasst sich mit dem Neutralisieren eines überzähligen Schlägers beim Entdecken eines Regelverstoßes nach Antreten der Runde. Es steht nichts darüber in den Regeln, einen überzähligen Schläger, der vor der Runde für neutralisiert erklärt wurde, während der Runde mitführen zu dürfen.

„Man kann einen Schläger nicht vor der Runde neutralisieren", schloss ich, „du kannst ihn von mir aus pulverisieren oder vaporisieren, aber Neutralisieren ist nicht vorgesehen." Urs konnte nicht fassen, dass die Regeln so kompliziert sind. Und noch weniger konnte er fassen, dass ich auf so einem, wie er es nannte, Blödsinn herumritt. Deshalb gab ich mir einen Ruck und meinte: „Von mir aus darfst du mit sechzehn Schlägern starten, wir spielen ja nur unter uns. Aber eine Bedingung stelle ich.“ Urs horchte auf. „Ich darf dann auch mal mit deinem neuen Driver abschlagen, abgemacht?“ – „Abgemacht.“

Nun packte er voller Stolz erneut seinen Driver aus, und es sprudelte nur so aus ihm hervor, von wegen Titanium und Plutonium und was weiß ich alles, dass mein Mund weit offen stand. Zudem erzählte er, dass dieses Gerät im Windkanal von Porsche getestet worden sei und aus einer ganz besonderen Legierung bestehe, welche die NASA auch für ihre Raumfähren benutze. Und natürlich sei der Driver sündhaft teuer gewesen – für den Preis könne man glattweg zwei Wochen Golfurlaub buchen. Und um zu betonen, was für ein erfolgreicher Geschäftsmann er ist, ergänzte er, dass er nächsten Monat mit seiner Frau *und* dem neuen Driver für 14 Tage nach Mauritius fliege. Ich hätte vor Neid platzen können. Aber dann übertrieb er es endgültig, als er behauptete, man hätte ihm im Pro-Shop sogar eine Schachtel Ohrenstöpsel mitgegeben, die er vor jedem Schlag an seine Mitspieler abgeben sollte – wegen der Gefahr eines Überschallknalls. Manchmal frage ich mich, für wie blöd er mich eigentlich hält.

Dann schlugen wir endlich drauf, so fest wir konnten, und unsere Bälle flogen tatsächlich weiter als sonst, wenn auch nur noch weiter ins Rough als sonst. Also einigten wir uns auf einen Mulligan und schlugen erneut ab, worauf unsere Bälle prompt im gegenüberliegenden Rough landeten. Irgendwie hatten wir uns das anders vorgestellt.

Urs stellte sofort klar, dass trotz unserer miserablen Abschläge nicht an der Güte des Drivers zu zweifeln wäre, vielmehr sei so ein neuer Schläger etwas gewöhnungsbedürftig. Dann ergänzte er: „Weißt du, dieser Driver ist sogar so gut, dass er heute gar nicht mehr produziert wird, da er seinem Besitzer einen unfairen Vorteil verschafft." Da wurde ich hellhörig, denn das klang doch sehr nach illegalem Driver mit Trampolineffekt. Ich sah mir den Schlägerkopf genauer an und entdeckte an der Sohle tatsächlich eine Prägung „Turbo COR", die mir äußerst verdächtig vorkam. Ich fragte Urs, ob er sicher sei, dass der Driver regelkonform sei. Nachdem er meine Frage einfach ignorierte, schlug ich vor, ins Clubhaus zurückzugehen und im Pro-Shop nachzufragen. Denn wenn sich Urs' Driver tatsächlich auf der Liste der illegalen Driver finden würde, riskierte er, beim nächsten Turnier disqualifiziert zu werden. Doch Urs wollte um keinen Preis in den Pro-Shop und fand allerlei Ausflüchte. Ich ließ aber nicht locker.

Nach langem Hin und Her gab er schließlich zu, den Driver gar nicht in unserem Pro-Shop gekauft, sondern bei Ebay ersteigert zu haben – für einen lausigen Euro zuzüglich Versandkosten. Ich fiel aus allen Wolken. Damit war für mich so gut wie erwiesen, dass der

Driver nicht regelkonform war, denn bei diesem Preis konnte ja etwas nicht stimmen. Urs versuchte dennoch einen letzten Rettungsversuch: „Gilt denn für uns Amateure nicht irgendeine Übergangsregelung, was diese Driver mit Trampolineffekt angeht?" Es war ein typischer Fall gefährlichen Halbwissens: Es hatte sehr wohl eine solche Übergangsfrist gegeben, die war jedoch per 1. Januar 2008 abgelaufen. Wer seither mit einem Schläger spielt, der auf der Liste der sogenannten „Non-Conforming Drivers" aufgeführt ist (zu finden im Internet unter www.randa.org), wird unverzüglich disqualifiziert.

Regel 4-1 Form und Machart von Schlägern

a) Allgemeines

Die Schläger des Spielers müssen dieser Regel sowie den Einzelvorschriften und Auslegungsbestimmungen des Anhangs II entsprechen. [...] Strafe für das Spielen eines Schlags mit einem Schläger der nicht mit Regel 4-1 oder 4-2 in Einklang steht: Disqualifikation.

Anhang II: Form von Schlägern

4. Schlägerkopf

c) Trampolineffekt und dynamische Eigenschaften

Die Form, das Material und/oder die Konstruktion des Schlägerkopfs (einschließlich der Schlagfläche) und jegliche Bearbeitungen dieser Teile dürfen nicht

(I) die Wirkung einer Feder haben, die ein in dem Pendel-Testverfahren vom R&A festgelegten Grenzwert überschreitet [...]

Auf dem Weg zu unseren Bällen versuchte ich dann mehrmals, in Erfahrung zu bringen, welchen Versandweg Urs gewählt hatte, dass sein Ein-Euro-Driver am Ende so „sündhaft teuer“ geworden war, doch ich erhielt keine Antwort.

Überraschenderweise lagen unsere Bälle relativ nahe beieinander im Rough. Allerdings hatte Urs eine schlechtere Lage als ich, denn an jener Stelle war das Gras platt gewalzt, und sein Ball lag in einer Vertiefung. Offenbar war ein Greenkeeper mit schwerem Gefährt vor Kurzem hier durchgefahren. „Das ist eine Traktorspur“, verkündete Urs, „ich nehme straflose Erleichterung.“ „Wieso“, erwiderte ich, „das ist Pech. Der Ball muss gespielt werden, wie er liegt.“ Urs war damit natürlich ganz und gar nicht einverstanden: „Von Straßen und Wegen erhalte ich doch straflose Erleichterung.“ Da ich nickte, ergänzte er: „Und eine Traktorspur ist ja so etwas Ähnliches.“ „Nicht ganz“, widersprach ich, „straflose Erleichterung bekommt man nur von Straßen und Wegen mit *künstlicher Oberfläche,* da diese als Hemmnis gelten. Eine Traktorspur ist aber nicht künstlich angelegt im Sinn der Regeln. Bei Trampelpfaden und gewöhnlichen Feldwegen gibt es schließlich auch keine Erleichterung.“

Decision 24/9 Straße oder Weg mit künstlich angelegter Oberfläche

Frage: Eine Straße oder ein Weg mit künstlich angelegter Oberfläche ist ein Hemmnis. Wann ist eine Oberfläche künstlich angelegt?

Antwort: Die Oberfläche einer Straße oder eines Wegs ist dann künstlich angelegt und daher ein Hemmnis, wenn Fremdmaterial aufgetragen worden ist, wie z. B. Beton, Asphalt, Kies, Holzspäne usw.

Decision 24/12 Hölzerne oder irdene Stufen

Hölzerne Stufen, die an einer steilen Böschung angelegt wurden, sind Hemmnisse [...]. Lediglich aus einer Böschung ausgestochene Stufen, die nicht mit irgendeinem künstlichen Material – z. B. Holzbohlen – angelegt wurden, sind keine Hemmnisse.

Urs war nicht gerade erfreut und versuchte es nun auf andere Weise: „Könnte man dann sagen, dass es sich hier um ungewöhnlich beschaffenen Boden handelt?“ Ich dachte nach. Eigentlich fallen unter diesen Begriff nur Boden in Ausbesserung, der entsprechend gekennzeichnet ist, Pfützen und ein paar wenige Tierspuren. Doch in der Tat gibt es auch Boden in Ausbesserung, der nicht mit blauen Pfählen gekennzeichnet oder besonders erwähnt werden muss, nämlich von Platzpflegern gemachte Löcher.

Erklärung „Boden in Ausbesserung"

[...] Boden in Ausbesserung schließt auch zur Beseitigung angehäuftes Material und von Platzpflegern gemachte Löcher mit ein, auch wenn dies nicht entsprechend gekennzeichnet ist. [...]

Damit sind aber nur richtige, gegrabene Löcher gemeint und nicht irgendwelche kleinen Bodenbelüftungslöcher oder womöglich Fahrspuren.

Decision 25/16 Traktorspur

Frage: Ist eine Traktorspur als ein von Platzpflegern gemachtes Loch anzusehen und somit Boden in Ausbesserung? [...]

Antwort: Eine solche Fahrspur ist kein von Platzpflegern gemachtes Loch. Die Spielleitung ist berechtigt, eine tiefe Fahrspur zu Boden in Ausbesserung zu erklären, nicht jedoch eine flache Vertiefung, die durch Geräte der Platzpfleger entstanden ist.

Wie sollte man auch wissen, ab welcher Tiefe eine Traktorspur zu Erleichterung berechtigt? Ich meine, dann könnte man ja bei jeder noch so kleinen Vertiefung im Rasen behaupten, es sei eine Traktorspur, und Erleichterung verlangen. Wir einigten uns darauf, dass Urs seinen Ball spielte, wie er lag.

Doch nun entflammte erneut eine hitzige Diskussion: Die Distanz von unseren Bällen zum Grün war nämlich genau die für ein Eisen 4, Urs hatte jedoch sein Holz 7 zur Hand genommen. „Bist du nicht in der Lage, ein 4er-Eisen aufs Grün zu schlagen?“, foppte ich ihn. „Pah“, meinte er, „ich schlag jetzt mein Hölzchen aufs Grün, dass du gleich die Fahne wackeln siehst.“ „Das ist ja peinlich“, ärgerte ich ihn weiter, „wenn man mit knapp über dreißig Jahren nur noch Hölzchen spielen kann.“ Aber Urs meinte, das sei die perfekte Distanz für sein neues Hölzchen, und ich würde schon noch sehen. Worauf ich großspurig angab, dass ich lieber ein spektakuläres Eisen in den Wald schlagen würde, als meinen Ball mit so einem Hölzchen aufs Grün kullern zu lassen. Wir schaukelten uns so lange

gegenseitig auf, bis jeder dem anderen einen noch grandioseren Schlag zeigen wollte.
Urs war als Erster dran. Er toppte seinen Ball so übel, dass der nur ein paar Meter weiter ins Rough rollte. Um Urs noch mehr zu ärgern, steckte ich nun mein 4er-Eisen ins Bag zurück und behauptete, dass mir sogar die Fünf reichen würde. Das war natürlich haushoch geblufft, und ich musste nun umso fester zuschlagen. Und weil ich draufschlug wie ein Ochse, kam ich dummerweise unterirdisch an den Ball, sodass das Divot weiter flog als der Ball. Ich finde es wirklich großartig, dass die Golfindustrie unentwegt forscht und immer neue Technologien zur Schlägerherstellung einsetzt, doch anstelle von Erkenntnissen aus der Weltraumfahrt sollte mehr auf Know-how aus dem Rallyesport oder von sonstigen Querfeldeinrennen gesetzt werden – das könnte uns wirklich helfen.

Die große Golfwette

Seit mein Golffreund Urs verheiratet ist, spielen wir nicht mehr so oft Golf zusammen – sogar unsere traditionelle Freitagsrunde lässt er zuweilen platzen. Das mag daran liegen, dass er lieber mit seiner Frau spielt. Vielleicht liegt es aber auch daran, dass er sich unsere Zockerrunden nicht mehr leisten kann, jetzt, da jeder Euro nur noch die Hälfte wert ist. Wie dem auch sei, letzten Freitag hatten wir es wieder einmal geschafft, und als wir gerade abschlagen wollten, gesellte sich ein Herr zu uns und fragte, ob er mitspielen dürfte. Wir nickten, stellten jedoch als Bedingung, dass er mitzocken müsste, womit er sich einverstanden erklärte, wenn auch nur mit einem geringeren Einsatz als sonst bei uns üblich. Dabei muss man wissen: Wenn mein Freund Urs den Score aufschreibt und damit über die Wette Buch führt, hat noch nie ein Fremder gewonnen. Und notfalls bin sonst ich noch da und lege die Regeln je nach Bedarf etwas eigenwillig aus.

Doch noch eigenwilliger als ich, legte sie unser Mitspieler aus: Am ersten Grün lochte Urs ein, und da er es in letzter Zeit im Rücken hat, haben wir es uns zur Gewohnheit werden lassen, dass er seinen Ball im Loch lässt und ich dann beide Bälle aus dem Loch nehme. Das passte unserem Mitspieler jedoch keineswegs, denn er meinte, dass ich mir zwei Strafschläge eingehandelt hätte, als ich Urs' Ball im Loch getroffen hätte. „Wenn man auf dem Grün puttet und einen fremden Ball trifft, hat das zwei Strafschläge zur Folge", wusste er mich zu belehren. Dieses Gerücht hatte ich in letzter Zeit immer wieder gehört, doch es ist komplett falsch, und ich erklärte unserem Mitspieler daher Regel 19 etwas ausführlicher. Sobald sich nämlich ein Ball im Loch befindet, ist er erstens nicht mehr auf dem Grün und zweitens nicht mehr im Spiel – und Strafschläge nach Regel 19 gibt es nur, wenn man beim Putten *auf dem Grün* einen *Ball im Spiel* trifft.

Regel 19 Ball in Bewegung abgelenkt oder aufgehalten
19-5 Durch anderen Ball
a) In Ruhe

Wird der nach einem Schlag in Bewegung befindliche Ball eines Spielers durch einen in Ruhe befindlichen Ball im Spiel abgelenkt oder aufgehalten, so muss der Spieler seinen Ball spielen, wie er liegt. [...] Im Zählspiel ist dies straflos, sofern nicht beide Bälle vor dem Schlag auf dem Grün gelegen hatten. In diesem Fall zieht sich der Spieler eine Strafe von zwei Schlägen zu.

Eher hätte ich es verstanden, wenn er meinem Freund Urs zwei Strafschläge wegen Faulheit und Liederlichkeit hätte verpassen wollen – doch leider ist auch diese Regel nirgendwo enthalten. Unser Mitspieler gab sich mit meinen Erklärungen zufrieden, und wir gingen mit einem geteilten Loch auf den zweiten Abschlag.
Da unser Mitspieler seinen Ball in Richtung Aus geschlagen hatte, musste er einen provisorischen nachladen, den er in praktisch identischer Weise in eben diese Richtung schlug. Wir schritten das Fairway hin-

unter und siehe da, er hatte Glück gehabt: Beide Bälle waren einen Meter vor dem Aus liegen geblieben. Nun stellte sich jedoch die Frage, welches sein ursprünglicher Ball war, denn er hatte beide Male einen Srixon mit der Nummer 2 gespielt. Ich wies ihn auf die Problematik hin, und er meinte, der rechte sei der Erste. „Wie kannst du das so genau wissen?", fragte ich, denn die Bälle lagen gerade einmal 20 Zentimeter auseinander. „Na ja", meinte er, „der zweite Ball ist etwas weiter links gestartet, also muss der rechte mein erster Ball sein." Damit gab ich mich nicht zufrieden, denn zwischen uns und dem Abschlag war eine Kuppe, sodass wir die Bälle nicht hatten landen sehen. Und jeder weiß, dass Bälle auf dem Fairway in alle Richtungen springen können. Er sah das wohl ein, meinte dann aber, dass sich die Bälle in praktisch gleicher Lage befänden und er daher einfach einen aussuchen dürfe. Als ich Urs ansah, erkannte ich, dass er mit diesem Vorgehen einverstanden war, selbst wenn es nicht den Regeln entsprach. Schließlich spielten wir eine private Zockerrunde und konnten uns das Recht herausnehmen, unsere eigenen Regeln aufzustellen. Also dachte ich mir: Was soll's, und quittierte die Regelauslegung unseres Mitspielers mit einem süffisanten Grinsen.

Doch dann tat er etwas, das er besser nicht hätte tun sollen – er weckte den Schiedsrichter in mir, indem er behauptete: „Die Regel kannst du nicht kennen, da sie nur in den Decisions steht." Vorlaut ergänzte er: „Die

Decisions – das ist ein Buch mit Entscheidungen zu Präzedenzfällen im Golf, aber das liegt in St. Andrews unter Verschluss." Ich wundere mich immer wieder, welche Unwahrheiten über die Golfregeln verbreitet werden. Doch noch mehr als die falschen Aussagen überrascht mich der Nachdruck, mit dem diese Behauptungen aufgestellt werden. Es ist schon so: Je selbstbewusster man einen Quatsch von sich gibt, desto weniger wagen es die anderen, diesen infrage zu stellen. Nur damit war er bei mir natürlich an den Falschen geraten. Ich erklärte ihm, dass – wenn man die Regeln genau nehmen würde – er sehr wohl aussuchen dürfte, welchen Ball er weiterspielen wollte, dass aber der gewählte Ball in diesem Fall als der provisorische gelten würde und er somit bereits mit drei Schlägen läge.

Decision 27/11 Provisorischer Ball kann vom ursprünglichem Ball nicht unterschieden werden

Ein Spieler spielt einen provisorischen Ball vom Abschlag in denselben Bereich wie seinen ursprünglichen Ball. Beide Bälle haben identische Kennzeichen und der Spieler kann sie nicht unterscheiden. Nachfolgend verschiedene Situationen und Lösungen, die auf Billigkeit (Regel 1-4) beruhen, wenn [...] [folgende] Umstände gegeben sind:

[...] Situation 4: Beide Bälle werden [...] auf dem Platz gefunden und [...] beide Bälle liegen im Gelände [...]

Lösung 4: Man könnte davon ausgehen, dass [...] beide Bälle als verloren gelten. Aber es wäre unbillig, vom Spieler zu verlangen, dass er zum Abschlag zurückgehen und dort seinen dann 5. Schlag spielen muss, obwohl er beide Bälle gefunden hat, aber nicht sagen kann, welcher von beiden der ursprüngliche und welcher der provisorische ist. Daher darf der Spieler einen der beiden Bälle auswählen, ihn für seinen provisorischen halten und den anderen aufgeben.

Und dann ergänzte ich neunmalklug, dass die Decisions keineswegs unter Verschluss lägen, sondern in jeder Buchhandlung zu kaufen seien, und dass es seit einigen Jahren sogar eine deutsche Übersetzung gebe. Ich weiß nicht, worüber er sich mehr aufregte, die zwei verlorenen Schläge, oder darüber, dass ich ihn als Scharlatan enttarnt hatte. Jedenfalls entrüstete er sich, dass wir auf äußerst zweifelhafte Art und Weise versuchten, einem alten Mann sein sauer verdientes Geld abzuknöpfen, und so wolle er auf keinen Fall mit uns weiterspielen. Er zahle uns jedoch kampflos den Einsatz der ersten beiden Löcher aus – schließlich seien Wettschulden Ehrenschulden. Dabei drückte er Urs mit einer demonstrativen Geste das Geld in die Hand und ließ uns daraufhin einfach stehen. Ich sah Urs ganz verdutzt an, doch der meinte mit einem Augenzwinkern nur: „Wenn man es sich nicht leisten kann, sollte man sich nicht auf exorbitante Golfwetten einlassen.“ Und dann überreichte er mir feierlich meinen Anteil: 50 Cent.

Der „Captain's Prize“

Neulich war ich in einem befreundeten Club zum „Captain's Prize" eingeladen. Dabei hatte ich die Ehre, mit dem Captain (Spielführer) selbst im zweiten Flight zu spielen – vor uns war nur noch der Präsident mit einem Gast. Und jener Gast kannte offensichtlich den Platz nicht, denn er spielte ständig an die falschen Stellen und musste dann seinen Ball im Rough suchen. Das hatte zur Folge, dass wir von Anfang an warten mussten.

Als wir auf den dritten Abschlag kamen, sahen wir die beiden vor uns erneut im kniehohen Rough umherstreifen, und nachdem wir einige Minuten geduldig zugesehen hatten, winkten sie uns schließlich durch. Wir schlugen ab, gingen nach vorne, und nachdem wir unsere zweiten Schläge gemacht hatten, waren die beiden immer noch beim Suchen. Inzwischen mussten schon weit über zehn Minuten vergangen sein. Der Captain rief ihnen daher zu: „Ihr wisst schon, dass man nur fünf Minuten nach einem Ball suchen darf?"

Erklärung „Verlorener Ball"

Ein Ball gilt als verloren, wenn

a) er binnen fünf Minuten [...] nicht gefunden oder nicht vom Spieler als sein eigener identifiziert ist [...]

Nun kam der Präsident mit verzweifeltem Gesichtsausdruck auf uns zugeeilt. Er sah aus, als hätte er gerade

einen Golfball verschluckt. In aufgeregtem Ton entschuldigte er sich vielmals und erklärte uns seine Misere: Sie suchten gar nicht nach seinem Ball, vielmehr suchten sie nach seinem Schläger. „Nach Ihrem Schläger?", entfuhr es mir. Ich konnte nicht glauben, was ich da hörte, und fragte mich, wie es wohl dazu gekommen war. Vielleicht hatte er nach einem miesen Abschlag seinen Schläger absichtlich ins Rough geschmissen, spekulierte ich, es heißt ja, dies sei die befreiendste Handlung überhaupt nach einem schlechten Schlag. Wobei ich es außerordentlich wichtig finde, seinem Schläger genauestens nachzuschauen – denn es gibt nichts Peinlicheres, als einen Schläger zu schmeißen und anschließend seine Mitspieler fragen zu müssen, ob sie ihn gesehen hätten. Doch die Sachlage war anders: Der Präsident schilderte uns, dass er seinen Ball nach wenigen Minuten im Rough gefunden hätte. Dann habe er den Schläger beim Ball liegen lassen, damit er die Stelle sicher wiederfinde, und sei zu seinem Bag zurückgekehrt, um einen anderen Schläger zu holen. Und als er erneut im Rough angelangt war, hätte er weder den Ball noch den Schläger wiedergefunden. Was sollte man dazu sagen?
Dass sein Ball inzwischen verloren sei, damit habe er sich abgefunden, erklärte der Präsident, doch seinen Schläger wolle er nicht so leicht aufgeben. „Darf ich meinen Schläger denn auch nur fünf Minuten suchen, oder darf ich den suchen, so lange ich will?", fragte er mich unvermittelt. Ich war der Meinung, dass er ihn

sogar noch weniger lange suchen durfte als einen Ball. Denn schließlich darf das Spiel nicht verzögert werden, auch nicht in dem unglücklichen Fall, in dem ein Schläger abhandenkommt.

Decision 6-7/1 Spieler geht zum Abschlag zurück, um einen dort vergessenen Schläger zu holen

Frage: Ein Spieler erreicht das Grün und merkt, dass er seinen Putter auf dem letzten Abschlag hat liegen lassen. Er geht zurück, um den Putter zu holen. Falls dies das Spiel verzögert, hat sich der Spieler dann Strafe zugezogen?

Antwort: Ja [...]

Regel 6-7 Unangemessene Verzögerung; langsames Spiel

Der Spieler muss ohne unangemessene Verzögerung [...] spielen [...]

Strafe für Verstoß gegen Regel 6-7: [...] Zählspiel – Zwei Schläge.

„Was", fragte der Präsident, „soll das heißen, ich habe meinen Ball verloren, ich habe meinen Schläger verloren und erhalte nun auch noch zwei Strafschläge?" Ich konnte ihn beruhigen, denn er hatte am Anfang tatsächlich nach seinem Ball gesucht. Und als sie uns durchwinkten, verhielten sie sich ebenfalls korrekt, denn es ist immer mit Warten verbunden, wenn man die nachfolgende Gruppe durchspielen lässt. Und wie man sich diese Wartezeit vertreibt, bleibt dem Spieler überlassen – schließlich verzögert das nicht das Spiel. Allerdings mussten sie nach uns das Spiel fortsetzen, ansonsten wäre es tatsächlich ein Verstoß gegen die Regeln. Mit diesem Fazit ließen wir pro forma noch kurz unseren Blick durchs Rough streifen und setzten unser Spiel fort. Zurück blieb ein mehr als konsternierter Präsident.

Als wir auf den Abschlag des vierten Lochs kamen, präsentierte sich uns eine besonders heikle Situation: Es handelte sich um ein Par 4, bei dem eine Stromleitung quer über die Spielbahn führte, und wie mir schien, ziemlich genau auf der Höhe, wo der Ball durchfliegen würde.

Prompt traf mein Mitspieler die Leitung, wobei der Ball abprallte und wohl auf dem Fairway landete, dabei allerdings einiges von seiner Länge verlor. „Tja", meinte er nachdenklich, „da weiß ich nun gar nicht so recht, ob ich den Schlag wiederholen soll." „Wieso wiederholen", fragte ich erstaunt, „das ist doch Spielzufall, der Ball muss gespielt werden, wie er liegt." Tatsächlich interessiert es die Regeln nämlich nicht, von wo ein Ball abspringt – ob von einem Baum, von einem Sprinklerdeckel oder sogar vom Kopf eines Zuschauers.

Regel 19 Ball in Bewegung abgelenkt oder aufgehalten

19-1 Durch Nicht zum Spiel Gehöriges

Wird eines Spielers Ball in Bewegung zufällig durch etwas Nicht zum Spiel Gehöriges abgelenkt oder aufgehalten, so gilt dies als Spielzufall, ist straflos, und der Ball muss gespielt werden, wie er liegt [...]

Das Einzige, was am Ende zählt, ist, wo der Ball liegt. Doch der Captain verwies mich auf eine Local Rule auf der Rückseite der Scorekarte, die ich übersehen hatte.

Trifft ein Ball die Leitung an Loch 4, darf der Schlag straflos wiederholt werden.

Ich runzelte die Stirn. Irgendwie schien mir die Regel etwas gar kurz. „Wer um alles in der Welt hat denn diese Regel aufgestellt?", fragte ich etwas kopflos, denn der Captain gab mir umgehend zur Antwort: „Ich, wer sonst? Ist irgendetwas damit?" Ich erklärte ihm, dass ich so meine Bedenken hätte, da Platzregeln nicht beliebig aufgestellt werden dürfen und man sich bei ihrer Formulierung strikt an die offiziellen Empfehlungen und Decisions halten sollte. Dort schlugen wir dann auch nach und fanden den Fall mit der Leitung ganz genau umschrieben. Danach durfte nur eine Platzregel aufgestellt werden, die dem Spieler *vorschreibt,* den Schlag zu wiederholen – es ihm zur freien Wahl zu überlassen, war jedoch nicht regelkonform.

Decision 33-8/13 Platzregel für Ball, der von einer Freileitung abgelenkt wurde

Frage: Eine Freileitung ist so ausgerichtet, dass sie sich beim Spielen eines Lochs störend auswirken kann. Wäre es angebracht, dass die Spielleitung eine Platzregel erlässt, nach der ein Spieler, dessen Ball von dieser Freileitung abgelenkt wurde, den Schlag straflos wiederholen darf, wenn er dies wünscht?

Antwort: Nein. Jedoch wäre eine Platzregel möglich, nach welcher der Spieler den Schlag wiederholen muss [...]

Der Captain hatte erstaunt gelauscht und erklärte, die Platzregel sobald wie möglich anpassen zu wollen. Und um seine Absicht zu bekräftigen, wollte er bereits heute nach der neuen Regel spielen und den Schlag wiederholen – was ja auch mit der alten Regel konform war. Doch vorher war ich mit Spielen an der Reihe.

Mein Ball flog etwas nach rechts, wo ein Wasserhindernis auf den Ball lauern musste, denn ich konnte gerade noch die Spitzen einiger gelber Pfähle erspähen. Da ich meinen Ball nicht landen sah, konnte ich nicht sagen, wo er zum Stillstand gekommen war. Dies konnte kurz vor, aber durchaus auch im Wasserhindernis der Fall sein. Ich fragte den Captain: „Muss ich da einen provisorischen Ball spielen?" „Provisorisch?", fragte der erstaunt. „Ich denke bei Wasserhindernissen darf man keinen provisorischen Ball spielen?" „Ja, das stimmt eigentlich schon", entgegnete ich, „aber eben nur so halb. Tatsache ist, dass ich euren Platz nicht gut kenne und mein Ball auch kurz vor dem Wasserhindernis gelandet sein könnte. Und wenn dort Rough ist, könnte mein Ball verloren sein." Der Captain hatte aufmerksam zugehört, und nun schloss ich: „Und wenn mein Ball außerhalb eines Wasserhindernisses verloren sein könnte, dann spiele ich in der Regel einen provisorischen Ball."

Regel 27-2 Provisorischer Ball

a) Verfahren

Kann ein Ball außerhalb eines Wasserhindernisses verloren oder kann er im Aus sein, so darf der Spieler zur Zeitersparnis in Übereinstimmung mit Regel 27-1 provisorisch einen anderen Ball spielen [...]

Nun war er vollkommen einverstanden: So betrachtet, dürfe man natürlich einen provisorischen Ball spielen. Doch dann erklärte er mir, dass der Greenkeeper genau aus diesem Grund – weil man das Wasserhindernis nicht einsehen kann – rundherum das Gras auf Fairwayhöhe heruntergeschnitten habe. Dies vereinfache das Spiel erheblich, denn wenn man den Ball nicht finde, könne man davon ausgehen, dass er nur im Wasser sein kann – auf dem Fairway könne er ja schwerlich verloren sein. Aus dem Grund darf man auf diesem Loch nach der Wasserhindernisregel droppen, wenn der Ball in Richtung Wasserhindernis fliegt und dann verschwunden bleibt, ohne dass man ihn tatsächlich darin hat landen sehen. Die Regeln betrachten es in diesem Fall als so gut wie sicher, dass der Ball im Wasserhindernis verloren gegangen ist.

Decision 26-1/1 Erläuterung von „bekannt oder so gut wie sicher"

[...] Es genügt nicht, dass ein Spieler seinen Ball nur deswegen als in dem Wasserhindernis für verloren hält, weil er mutmaßt, dass es sich so verhält. [Dies ist nur zulässig], wenn es so gut wie keinen Zweifel gibt, dass der Ball in dem Wasserhindernis ist [...]. Bei der

Feststellung, ob etwas „bekannt oder so gut wie sicher" ist, müssen alle erzielbaren Beweisanzeichen berücksichtigt werden, einschließlich der realen landschaftlichen Umgebung des Wasserhindernisses. Ist ein Wasserhindernis z. B. von Fairway umgeben, auf dem ein Ball schwerlich verloren gehen kann, so spricht dies eher dafür, dass der Ball in dem Wasserhindernis ist, als wenn in dem fraglichen Bereich tiefes Rough vorhanden wäre [...]

Nun war der Captain jedoch interessiert, was passieren würde, wenn er mir diesen Tipp nicht gegeben und ich einen provisorischen Ball gespielt hätte. „Das wäre völlig unproblematisch", erklärte ich, „wenn ich nämlich meinen Ball am Ende dennoch im Wasserhindernis finde oder annehmen muss, dass der Ball nur in dem Wasserhindernis sein kann, dürfte ich trotzdem nach der Wasserhindernisregel vorgehen."

Decision 27-2a/2.5 Spieler spielt provisorischen Ball, weil sein ursprünglicher außerhalb eines Wasserhindernisses verloren sein könnte, entdeckt dann aber, dass er unmöglich außerhalb eines Wasserhindernisses verloren sein kann

Frage: Ein Spieler schlägt seinen Ball vom Abschlag in einen Bereich mit Bäumen, Büschen und hohem Gras. Da er befürchtet, sein Ball könnte außerhalb eines Wasserhindernisses verloren sein, kündigt der Spieler seine Absicht an, einen provisorischen Ball zu spielen und spielt einen Ball vom Abschlag. Als er den fraglichen Bereich erreicht, findet er ein als seitliches Wasserhindernis bezeichnetes Feuchtgebiet vor und es ist bekannt oder so gut wie sicher, dass sein Ball darin verloren ist. Wie ist die Regelentscheidung?

Antwort: Als der Spieler den zweiten Ball vom Abschlag spielte, in der Annahme, sein ursprünglicher Ball könnte außerhalb eines Wasserhindernisses verloren sein, war jener Ball ein provisorischer Ball. Dass sich das fragliche Gebiet nachträglich als seitliches Wasserhindernis herausstellte, ändert nichts an dieser Tatsache. Somit muss der Spieler den provisorischen Ball aufgeben und nach Regel 26-1 verfahren – siehe Regel 27-2c.

Regel 27-2c) Provisorischen Ball aufgeben

Ist der ursprüngliche Ball weder verloren noch im Aus, so muss der Spieler den provisorischen Ball aufgeben [...].

Der Captain schaute mich verwirrt an, und ich fühlte mich selbst etwas durcheinander vor lauter Regeln und Decisions. Deshalb beschlossen wir, es mit den Regeln damit auf sich beruhen zu lassen, und bemühten uns, die Runde konzentriert zu Ende zu spielen.
Als wir schließlich auf der Clubhausterrasse saßen und die diversen Löcher Revue passieren ließen, kam natürlich noch einmal die Angelegenheit mit der Local Rule und der Stromleitung zur Sprache, worauf der Captain sogleich aufsprang: Ich solle ihm ins Sekretariat folgen, damit wir die neue Platzregel gemeinsam formulieren könnten.
Dort angekommen, hatte ich den Eindruck, dass die Sekretärin uns bereits erwartete. Tatsächlich hatte sie ein dringendes Anliegen, das sie dem Captain unterbreitete: Ein Spieler hätte seine Scorekarte nicht unterschrieben, wie damit zu verfahren sei? Der Captain

erklärte, dass der Fall klar sei und der Spieler disqualifiziert werden müsse.

Regel 6-6b) Zählkarte unterschreiben und einreichen

Nach Beendigung der Runde sollte der Bewerber seine Schlagzahl für jedes Loch nachprüfen und alle zweifelhaften Einzelheiten mit der Spielleitung klären. Er muss die Unterschrift des Zählers [...] sicherstellen, die Zählkarte gegenzeichnen und sie so bald wie möglich der Spielleitung einreichen.
Strafe für Verstoß gegen Regel 6-6b: Disqualifikation.

Die Sekretärin zeigte sich davon aber nicht begeistert und meinte: „Ist das nicht ein bisschen hart, ich meine, kann ich nicht den Spieler nachträglich noch unterschreiben lassen?“ Der Captain schüttelte den Kopf und warf mir einen fragenden Blick zu. Ich konnte seine Haltung nur bestätigen: „Der Spieler ist disqualifiziert. Wenn die Karte einmal abgegeben ist, darf nachträglich nichts mehr geändert werden. Das ist zwar hart, aber wenigstens für alle gleich.“

Regel 6-6c) Änderung der Zählkarte

Auf einer Zählkarte darf nichts mehr geändert werden, nachdem der Bewerber sie der Spielleitung eingereicht hat.

„Na gut“, meinte die Sekretärin, „ich wollte nur sichergehen, aber wenn Sie sagen, dass es so ist, dann ist es eben so.“ Nun fragte der Captain nach, um welchen Spieler es sich denn handele. Doch die Sekretärin

meinte keck, dass sie uns diese Spannung nicht nehmen wolle, wir würden es bei der Preisverleihung erfahren. Nur so viel wollte sie uns verraten: Es sei der Gast eines Vorstandsmitglieds.
In der folgenden Woche habe ich dann mit einer Ginseng-Kur begonnen, damit mir so etwas nicht noch einmal passiert.

Der perfekte Schwung

Machen wir uns nichts vor: Für richtige Pros, die auf der PGA-Tour spielen, sind wir Amateure alle etwa gleich gut, ganz egal, ob Handicap 5 oder 45 – wir sind alles Hacker. Umso ermüdender muss es sein, bei Pro-Ams regelmäßig mit irgendwelchen wildfremden Spielern auf die Runde gehen zu müssen. Es erstaunt deshalb nicht weiter, dass die Pros diese Aufgabe ganz unterschiedlich meistern. Manche sprechen mit ihren Mitspielern während der ganzen Runde kaum ein Wort und bleiben auf Distanz. Doch auf der anderen Seite gibt es auch Pros, die das pure Gegenteil sind, wie zum Beispiel Ian, der uns zugeteilt war – er war ein richtiger Goldschatz. Er palaverte mit uns über Gott und die Welt, las uns auf jedem Grün die Puttlinie und hatte sogar einige Späßchen auf Lager. Dabei konzentrierte er sich dennoch ganz genau auf sein eigenes Spiel und beendete die Runde zwei unter Par. Er bestätigte mir einmal mehr, dass es keineswegs notwendig ist, sich während der ganzen Runde grimmig auf sein Spiel zu konzentrieren, um gut zu spielen. Im Gegenteil, man sollte zwischen den Schlägen so locker wie nur möglich sein und die Landschaft und Gesellschaft genießen und sich nur unmittelbar vor und während des Schlags konzentrieren.

Dass unser Pro so locker und liebenswürdig mit uns umging, konnte nur mit einem eisernen Nervenkostüm zusammenhängen. Damit hatte man uns den richtigen

Pro zugeteilt, denn mit uns spielte ein gewisser Carl, dessen spielerische Fähigkeiten ich hier nur schwer in Worte fassen kann. Sagen wir es so: Er musste ein unheimlich wichtiger Kunde des Sponsors sein.

Carl ließ uns gleich von Anfang an wissen, dass er erst zum zweiten Mal auf einem Golfplatz stehe. Er habe schlichtweg keine Zeit, da er als Manager von einem Meeting ins nächste hetzen müsse, aber immerhin habe er es sich zum Prinzip gemacht, stets auf seinen zahlreichen Flügen an seinem Schwung zu arbeiten. „Sie trainieren Golf im Flugzeug?", fragte ich nach, da ich nicht sicher war, ob ich das richtig verstanden hatte. „Nun ja", relativierte er, „natürlich nicht richtig mit Schläger und Ball, aber ich habe dieses Buch über den perfekten Schwung. Das studiere ich, wann immer ich kann." Dann ergänzte er stolz, dass er es bereits so oft durchgelesen habe, dass es ganz zerfleddert sei. Und schließlich machte er mich platt, indem er noch eins draufsetzte: „Ich glaube jedenfalls, dass ich mit meinem Wissen inzwischen dem perfekten Schwung ziemlich nahekommen müsste." Na ja, ein jeder soll seinen eigenen Glauben haben – so ähnlich steht es zumindest in den Grundrechten. Ich war gespannt.

Unser Pro musste natürlich vom hintersten Abschlag spielen, und so war er als Erster an der Reihe. Er donnerte seinen Ball mit majestätischer Flugkurve davon, dass wir anderen nur ehrfürchtig nicken konnten. Als Nächster war ich an der Reihe, und nachdem ich den Ball aufgeteet hatte, klopfte ich mit meinem Driver hinter dem Ball leicht auf den Boden, um Unebenheiten zu beseitigen. Das habe ich mir am Abschlag zur Gewohnheit gemacht, denn hier ist es ausnahmsweise erlaubt, die Lage des Balls zu verbessern – sogar Gräser dürfen herausgerissen werden –, während es überall sonst auf dem Platz natürlich nicht zulässig ist und der Ball gespielt werden muss, wie er liegt.

Regel 13-2 Lage, Raum des beabsichtigten Stands oder Schwungs, oder Spiellinie verbessern

Ein Spieler darf nicht [...] den Ort der Lage oder die Lage seines Balls [...] durch eine der folgenden Handlungen verbessern oder verbessern lassen: [...] Schaffung oder Beseitigung von Bodenunebenheiten [...]
Jedoch zieht der Spieler sich keine Strafe zu, wenn dies vorkommt [...] bei der Schaffung oder Beseitigung von Bodenunebenheiten innerhalb des Abschlags [...]

Decision 13-2/3 Abreißen von Gras hinter dem Ball auf dem Abschlag

Frage: Bodenunebenheiten auf dem Abschlag zu beseitigen ist nach Regel 13-2 erlaubt. Ist es auch erlaubt, Gras abzuknicken oder auszureißen, das hinter dem Ball auf dem Abschlag wächst?
Antwort: Ja.

Trotz dieser optimalen Ausgangsbedingungen war mein Drive ein gepushter Schlag und hatte zur Folge, dass er ziemlich weit nach rechts startete. Instinktiv machte ich noch allerlei Verkrümmungen auf dem

Abschlag, als ob diese den Ball wieder auf die richtige Bahn bringen würden, doch Carl nahm mir sämtliche Illusionen: „Das hilft nun nichts mehr, das ist und bleibt ein Push." Während ich noch überlegte, ob ich antworten sollte: „Was Sie nicht sagen", fuhr er bereits fort: „Und Sie können für einen Ball, den Sie schlecht getroffen haben, im Nachhinein nichts mehr tun." Wie aufschlussreich. Während ich entsetzt mit ansehen musste, wie mein Ball im Rough verschwand, weitete Carl seinen Vortrag aus: „Wussten Sie, dass der Schläger beim Abschlag nur eine halbe Millisekunde Ballkontakt hat?" Damit hatte er mich nun wirklich überrascht. „Und es dauert zwei Drittel einer Millisekunde, bis die Wucht des Treffmoments von der Schlagfläche über den Schaft zu den Händen gewandert ist. Bis dann haben Sie Ihren Schlag aber noch immer nicht gespürt, da weitere zehn Millisekunden verstreichen, bis diese Meldung das Gehirn erreicht, und noch einmal 200 Millisekunden, bis die Information dort verarbeitet wurde. Mit anderen Worten: In dem Moment, in dem Sie als Spieler den Schwung oder den Griff korrigieren könnten, ist der Ball bereits über zehn Meter weit entfernt." Von dieser Seite hatte ich meine schlechten Schläge noch nie betrachtet.

Nun war Carl an der Reihe. Mit wichtiger Miene betrat er den Abschlag und machte einen Übungsschwung, von dem ich mir nur schwer vorstellen konnte, dass es

die Vorbereitung zum perfekten Schwung sein sollte. Doch weitaus schlimmer war, dass er dabei ein fußmattengroßes Divot herausschlug. Dass man auf dem Abschlag keine Probeschwünge machen sollte, stand in seinem Buch über den perfekten Schwung offenbar nicht. Unser Pro machte ihn auf freundliche Art darauf aufmerksam, doch Carl überging die Äußerung und verkündete stattdessen mit erhobenem Zeigefinger: „Schon erstaunlich das Golfspiel, wenn man bedenkt, dass beim Abschlag bis zu einer Tonne Kraft auf den Ball übertragen wird." Carl hatte wirklich eine sehr eigene Art, an diesen Sport heranzugehen. Dann drosch er auf seinen Ball ein, und ich hatte eher den Eindruck, dass er versuchte, eine Kilotonne auf den Ball zu übertragen. Leider übertrug er den größten Teil dieser Energie auf die Erde, sodass sein Ball nach kurzem Erzittern des Bodens nur knapp seitlich über den Abschlag hinaushoppelte und unweit einer Abschlagsmarkierung liegen blieb. Damit hatte Carl seine eigene Theorie widerlegt, wonach der Ball nach wenigen Millisekunden bereits mehr als zehn Meter entfernt sein sollte.
Nachdem sich betretenes Schweigen breitgemacht hatte, versuchte ich, vom Fiasko abzulenken, indem ich das Thema auf die Regeln lenkte: „Die Abschlagsmarkierungen dürfen Sie straflos entfernen, wenn sie Sie stören. Die sind künstlich und gelten als bewegliche Hemmnisse nach dem Schlag."

Decision 11-2/1 Status der Abschlagmarkierungen nach dem ersten Schlag

Frage: Nach Regel 11-2 gelten die Abschlagmarkierungen als befestigt, bevor man mit irgendeinem Ball den ersten Schlag vom Abschlag spielt. Sind die Abschlagmarkierungen danach Hemmnisse?

Antwort: Ja.

Carl war völlig konfus. „Muss ich jetzt droppen oder was?", fragte er. „Nein", entgegnete ich, „Sie dürfen die Markierungskugel ganz einfach zur Seite legen und Ihren Ball spielen, wie er liegt." Von wegen droppen – ich wusste, welches Buch ich Carl nach der Runde für seine nächsten 100 Flugstunden ans Herz legen würde.

Als Carl seinen zweiten Schlag spielen wollte, bemerkte er, dass der gar nicht so einfach werden würde, da sein Ball im Semirough etwas eingesunken war. Doch clever, wie er war, klopfte er mit seinem Fairwayholz das Gras hinter dem Ball platt und hatte plötzlich eine perfekte Lage. Ich schaute den Pro an und überließ ihm diesmal den Hinweis auf die Regeln. Denn selbstverständlich darf man außerhalb des Abschlags die Lage seines Balls nie verbessern.

Regel 13-2 Lage, Raum des beabsichtigten Stands oder Schwungs, oder Spiellinie verbessern

Ein Spieler darf nicht [...] die Lage seines Balls [...] durch eine der folgenden Handlungen verbessern [...]: Schläger auf den Boden drücken [...], Schaffung oder Beseitigung von Bodenunebenheiten [...].

Carl sah dies keineswegs ein und berief sich darauf, dass er ebendieses Vorgehen bei mir beobachtet hätte. Darauf versuchte ich ihm zu erklären, dass der Golfplatz in verschiedene Bereiche, wie zum Beispiel Abschlag, Gelände, Hindernisse und Grün, eingeteilt sei, in denen auch unterschiedliche Regeln gälten. Nun fragte er ganz erstaunt: „Gilt denn nicht der ganze Golfplatz als Green?" „Nein", seufzte ich, „nicht alles, was grün ist, heißt automatisch Green." Dabei überlegte ich mir, wie ich ihm dies nun wieder erklären sollte. Doch der Pro winkte ab. Da er die gemeinsame Scorekarte ausfüllte, konnte er Carls Score jeweils so viele Strafschläge hinzufügen, wie er wollte, ohne dass jener davon Wind bekäme und uns in Diskussionen verwickeln würde.

Offenbar hatten wir Carl so sehr verunsichert, dass ihm in der Folge gleich zwei Luftschläge gelangen. Zur allgemeinen Erleichterung nahm er darauf seinen Ball auf und meinte, dass er erst am zweiten Loch wieder spielen wolle, vorher müsse er sich noch einmal kurz alle Schwungelemente in Erinnerung rufen.

Während Carl sich mit der Theorie befasste, sah ich mich vor einen schwierigen Schlag aus dem Rough gestellt. In der Folge blieb mein Ball viel zu kurz und verschwand in einem tiefen Graben vor dem Grün. Hilflos sah ich zu unserem Pro hinüber. „Du musst ein bisschen mehr Schläger nehmen aus dem Rough", meinte der, „und in diesem Fall wäre es sowieso gescheiter, den Ball länger zu spielen. Auf der Tour spielen wir in kritischen Situationen sogar absichtlich zu lang, wenn Gefahr in Form von Wasser oder Bunkern vor dem Grün lauert." „Wie meinst du das", fragte ich zurück, „ihr spielt absichtlich zu lang?" „Ja, auf der PGA-Tour, musst du wissen, stehen überall Zuschauer hinter dem Grün. Da triffst du immer irgendeinen, und dann musst du nur noch zurückchippen. Wenn du Glück hast, triffst du sogar einen Fotografen, und dann liegst du praktisch am Grünrand." Ich fand die Vorstellung nicht gerade beruhigend, doch im Sinn der Regeln hatte er natürlich recht: Der Ball wird immer so gespielt, wie er liegt, egal von wo er abspringt. In der Regelsprache heißt das Spielzufall.

Regel 19 Ball in Bewegung abgelenkt oder aufgehalten
19-1 Durch Nicht zum Spiel Gehöriges

Wird eines Spielers Ball in Bewegung zufällig durch etwas Nicht zum Spiel Gehöriges abgelenkt oder aufgehalten, so gilt dies als Spielzufall, ist straflos, und der Ball muss gespielt werden, wie er liegt [...]

Auf meine Frage, wie viele Zuschauer und Fotografen er denn bereits getroffen habe, antwortete er trocken: „Einige. Die meisten davon habe ich gut getroffen – zu meinem Vorteil." Dabei sah er mich mit einem verschmitzten Lächeln an. Einst, erzählte er, habe er sogar einen Fotografen getroffen, und der Ball sei von dessen Schulter abgeprallt und in der Kameratasche liegen geblieben. Da habe er einen Schiedsrichter kommen lassen, da er sich nicht sicher gewesen sei, wie die Regeln in einem solchen Fall lauteten. „Und das Schönste war", lachte er auf, „der arme Fotograf durfte sich kein bisschen bewegen, bis der Fall entschieden war." Ich dachte kurz nach und meinte: „Du musstest den Ball an der Stelle unterhalb seiner Kameratasche fallen lassen, richtig?" „Ja", kam verblüfft zurück, „woher weißt du das?" – „Ich fotografiere manchmal auch bei Turnieren."

Regel 19 Ball in Bewegung abgelenkt oder aufgehalten
19-1 Durch Nicht zum Spiel Gehöriges

Wird eines Spielers Ball in Bewegung zufällig durch etwas Nicht zum Spiel Gehöriges abgelenkt oder aufgehalten, so gilt dies als Spielzufall, ist straflos, und der Ball muss gespielt werden, wie er liegt, ausgenommen:

a) Kommt eines Spielers Ball in Bewegung nach einem anderswo als auf dem Grün gespielten Schlag in oder auf Nicht zum Spiel Gehörigem zur Ruhe, das sich bewegt oder lebt, so muss der Ball so nahe wie möglich dem Punkt unmittelbar unterhalb der Stelle, an der er in oder auf dem Nicht zum Spiel Gehörigen zur Ruhe kam, jedoch nicht näher zum Loch, im Gelände [...] fallen gelassen [...] werden.

Vom Leben und Spielen auf der Tour zu hören, war sehr aufschlussreich. Ian erzählte mir unter anderem, dass Pros von Werbetafeln auch Erleichterung bekämen, wenn diese auf der Linie zum Grün im Weg stehen würden. Dies ganz im Gegensatz zu den gewöhnlichen Regeln, bei denen Erleichterung von unbeweglichen Hemmnissen nur bei Behinderung von Stand oder Schwung gewährt wird, und keinesfalls, wenn das Objekt bloß in der Spielrichtung steht.

Regel 24-2 Unbewegliches Hemmnis

a) Behinderung

Behinderung durch ein unbewegliches Hemmnis ist gegeben, wenn ein Ball darin oder darauf liegt, oder wenn die Standposition des Spielers oder der Raum seines beabsichtigten Schwungs durch das Hemmnis betroffen sind [...]. Anderenfalls ist, wenn es sich lediglich auf der Spiellinie befindet, keine Behinderung nach dieser Regel gegeben.

Wenn man sieht, wie viele Werbetafeln bei großen Turnieren auf dem Platz stehen, wird einem schnell klar, dass Pros, wenn sie mit ihrem Ball einmal abseits des Fairways landen, fast immer einen Free Drop erhalten. Allmählich kam mir der Verdacht, dass das Spielen auf der Tour womöglich wesentlich einfacher war als der clubinterne Kampf um den Monatsbecher. Doch viel wichtiger war mir am Ende eine andere Erkenntnis. Ich glaube persönlich sowieso nicht daran, dass es so etwas wie einen perfekten Schwung gibt. Jeder Mensch ist anders, hat einen anderen Körperbau und muss jenen Schwung finden, der am besten zu ihm passt. Nachdem uns Carl während fünfeinhalb

Stunden seinen perfekten Schwung vorgeführt hatte, lobe ich mir jeden anderen Schwung, der in der Lage ist, wenigstens einen einzigen Punkt zum gemeinsamen Ergebnis beizutragen.

Von Anwälten und Erdhörnchen

Mein erster Mitspieler war bereits da, als ich am Abschlag eintraf, und stellte sich als Dr. Schenker vor. Während wir unsere Siebensachen für das Spiel bereit machten, palaverten wir, wie das üblich ist, über Golf und die Welt, bis er mich irgendwann fragte, was ich denn im Leben treibe. Ich antwortete: „Ich schreibe Bücher. Golfbücher – vorwiegend über die Regeln." Hatte er vorher noch die ganze Zeit an seinem Golfbag herumgenestelt, so hielt er nun inne und schaute auf: „Regelbücher?" Ich nickte stolz. Dann schüttelte er den Kopf und wühlte weiter in seiner Golftasche herum. „Wie kommt man denn auf so was?" Ich erklärte ihm, dass ich Jurisprudenz studiert hätte und dass es von dort zu den Golfregeln kein weiter Weg mehr sei. „Wieso", erwiderte er, „ich bin doch auch Anwalt, habe mich aber deswegen noch nie mit den Golfregeln befasst." Er lachte laut auf: „Golfregeln!", und schüttelte dabei den Kopf. Seine Worte hallten in meinem Kopf wider. Hatte er wirklich gesagt „noch nie"? Bevor ich nachfragen konnte, vernahm ich ein lautes: „Hallo Herr Kollege!" Es war unser dritter Spieler und seinem Gruße nach ein befreundeter Rechtsanwalt von Dr. Schenker. Dann stellte er sich mir vor Dr. Mauler, seines Zeichens Staatsanwalt. Damit waren wir ein reiner Juristen-Flight.

Als Staatsanwalt Mauler vernahm, dass ich Spezialist in Regelfragen war, hatte er bereits die erste brennende Frage. Er könne sich einfach nicht merken, wann man sich einen und wann man sich deren zwei Strafschläge zählen müsse – ob ich ihm da nicht eine Faustregel geben könne. „Nun, ganz so allgemein kann ich Ihnen das nicht beantworten", versuchte ich zu helfen, „aber ich würde sagen, wenn ein Regelverstoß einen spielerischen Fehler beinhaltet, wie zum Beispiel ein Ball, der ins Aus oder ins Wasser fliegt, wofür der Spieler ja nicht viel kann, dann ist es ein Strafschlag. Verstößt man jedoch gegen eine Regel, obwohl dies vermeidbar gewesen wäre, weil man es besser hätte wissen müssen, wie zum Beispiel beim Entfernen loser Naturstoffe aus einem Bunker oder dem Spielen eines falschen Balls, dann erhält man zwei Strafschläge." Mauler hatte mir aufmerksam zugehört und überlegte. Schließlich meinte er: „Könnte man generell-abstrakt also sagen, dass ein fahrlässiger Regelverstoß einen Strafschlag nach sich zieht, wohingegen ein Verstoß, der grob fahrlässig bis vorsätzlich erfolgt, zwei Strafschläge kostet?" Ich musste mir sein Juristenkauderwelsch mehrmals durch den Kopf gehen lassen, bis ich ihm antworten konnte: „Ja – ungefähr so könnte man das sehen. Aber es gibt natürlich Ausnahmen."

Staatsanwalt Mauler nickte zufrieden. Er schien mir ein Mensch, der Beruf und Freizeit schlecht trennen konnte. Seinen Zähler, Dr. Schenker, nannte er immerfort „Protokollführer", und als wir abschlagen konnten, klopfte er mit dem Driver auf den Boden und rief aus: „Die Verhandlung ist eröffnet."

Dr. Schenker hatte die Ehre, und er war ein Golfer, der nicht lange fackelt. Er konzentrierte sich kaum, sondern machte einen hastigen Schlag von der Sorte Draufhauen-und-hoffen, wobei wir die Hoffnung in Anbetracht des angrenzenden Maisfeldes sehr schnell aufgeben konnten. Nachdem sein provisorischer Ball auch kein Grund zur Freude war, strich er das erste Loch bereits am Abschlag, und um es gleich vorwegzunehmen, das zweite und das dritte Loch endeten ebenfalls mit einem Strich. Am vierten Loch schlug er so viele provisorische Bälle, dass ich den Überblick verlor, und als er nach verpatztem Putt den Ball aufnahm, notierte ich ihm automatisch einen weiteren Strich. Mein Erstaunen war deshalb umso größer, als er auf dem Weg zum fünften Abschlag meinte: „Sechs." „Sechs was?", fragte ich, denn ich hatte ja keine Ahnung wovon er sprach – zumindest tat ich so. „Ich habe eine Sechs gespielt", erwiderte er, „endlich mal kein Strich!" Er erklärte mir, dass er seinen ursprünglichen Ball nach dem Abschlag wiedergefunden habe und dass doch dann all die provisorischen Schläge nicht zählten. Damit war ich einverstanden.

Regel 27-2c) Provisorischen Ball aufgeben

Ist der ursprüngliche Ball weder verloren noch im Aus, so muss der Spieler den provisorischen Ball aufgeben und das Spiel mit dem ursprünglichen Ball fortsetzen [...]

Anmerkung: Spielt ein Spieler einen provisorischen Ball [...], so werden [die] Schläge [...] mit dem provisorischen Ball [...], der anschließend [...] aufgegeben wird, nicht gezählt und Strafschläge, die nur beim Spielen dieses Balls anfielen, bleiben außer Betracht.

Deshalb sei er mit drei Schlägen am Grün gelegen, und nachdem sein zweiter Putt am Lochrand stehen geblieben sei, gebe das nach Adam Riese eine Sechs. „Aber Sie haben ja gar nicht eingelocht, Sie haben Ihren Ball aufgenommen", gab ich zu bedenken. Nun schaute er mich verständnislos an: „Ja und, das war nur noch ein ganz kurzer Putt, so etwas wird für gewöhnlich geschenkt." „Aber doch nicht im Turnier", warf ich ein, „da muss der Ball stets eingelocht werden, auch kurze Putts." Er war völlig entgeistert und schaute mich wie einen Außerirdischen an. Da ich ihn offensichtlich nicht verstand, wandte er sich verzweifelt an den Kollegen Mauler. Nur der wollte nicht wirklich Partei ergreifen, gab aber immerhin zu bedenken, dass es im Turnier vielleicht schon besser wäre, den Ball einzulochen. Schließlich bot ich Schenker an, zurückzugehen und den Ball nachträglich einzulochen. Das würde lediglich einen Strafschlag kosten, da er im Sinn der Regeln seinen Ball unerlaubterweise bewegt hatte.

Regel 18 Ball in Ruhe bewegt

18-2 Durch Spieler [...]

a) Allgemeines

Ist der Ball eines Spielers im Spiel und

(I) der Spieler, sein Partner oder einer ihrer Caddies nehmen ihn auf oder bewegen ihn [...], so zieht sich der Spieler einen Strafschlag zu. Der Ball muss [...] zurückgelegt werden [...].

Das rief allerdings sogleich Staatsanwalt Mauler auf den Plan: „Einspruch!“, rief er entrüstet. „Wieso nun bloß einen Strafschlag? Als Spieler hätte er doch sehr wohl wissen müssen, dass man seinen Ball nicht einfach aufnehmen darf. In meinen Augen war das grob fahrlässig, wenn nicht sogar eventualvorsätzlich. Ich plädiere auf zwei Strafschläge.“ Ich war ziemlich baff, und auch Schenker wusste nichts darauf zu entgegnen. Bevor ich zum Gegenplädoyer ausholen konnte, winkte der Betroffene aber bereits ab: Offenbar war es ihm sowieso zu umständlich, noch einmal zurückzugehen. Das Einzige, was er zu seinem Missgeschick zu sagen hatte, war: „Also ich hätte mir den geschenkt.“ Daran zweifelte ich nicht.
Dann folgte ein Par 3, an dem Schenker seinen Ball, trotz aller Anstrengungen, in einen Grünbunker setzte. Da der Ball unglücklich nahe am Rand zur Ruhe gekommen war, hatte er einen schweren Schlag vor sich. Das musste auch er realisiert haben, da er meinte: „Ich nehme hier Erleichterung.“ „Von was denn?“, fragte ich erstaunt, und er antwortete, er sei von einer Tierspur im Stand behindert. Nun schaute ich mir den Sand genauer an und entdeckte, dass an verschiedenen Stellen tatsächlich kleine Wühlspuren zu erkennen waren. „Und von wem stammen diese Spuren Ihrer Meinung nach?“, fragte ich. „Von einem grabenden Tier“, antwortete er gewitzt. So wenig Ahnung von den Regeln hatte er offenbar doch nicht.

Erklärung „Ungewöhnlich beschaffener Boden"
Ungewöhnlich beschaffener Boden bezeichnet folgende Umstände auf dem Platz: Zeitweiliges Wasser, Boden in Ausbesserung oder Loch, Aufgeworfenes oder Laufweg eines Erdgänge grabenden Tiers, eines Reptils oder eines Vogels.

Regel 25-1 Ungewöhnlich beschaffener Boden
a) Behinderung
Behinderung durch einen ungewöhnlich beschaffenen Boden ist gegeben, wenn ein Ball in einem solchen Umstand liegt oder ihn berührt oder wenn durch diesen Umstand die Standposition des Spielers [...] betroffen ist.

Doch ich wusste genau, dass er nur Erleichterung verlangte, um vom Bunkerrand wegzukommen. Die geringen Spuren im Bunker störten ihn in Wahrheit gar nicht, zumal sie unter seinem Gewicht sowieso gleich platt gewalzt würden. Deshalb erlaubte ich mir weiterzubohren: „Und an welches grabende Tier dachten Sie genau?" „Wildsäue", antwortete er nach kurzer Überlegung. „Wildsäue also", murmelte ich und schaute mir die Spuren erneut an: Sie waren so winzig klein, dass ich eher auf Wildameisen getippt hätte. „Das muss aber ein sehr kleines Schwein gewesen sein", gab ich zu bedenken. Schenker ging nicht darauf ein, sondern erwiderte nur: „Wildschweine. Klarer Fall."
„Na gut, wenn Sie meinen", erwiderte ich, „allerdings muss ich Sie enttäuschen, denn von Wildschweinen gibt

es keine straflose Erleichterung, die fallen nämlich nicht unter die Gattung der grabenden Tiere, wie im Regelbuch erwähnt. Dort ist nur die Rede von Tieren, die graben, um sich einen Bau als Unterkunft zu erstellen. Wildsäue aber graben zur Futtersuche."

Erklärung „Erdgänge grabendes Tier"

Ein Erdgänge grabendes Tier ist ein Tier [...], das einen Bau als Unterkunft oder zu seinem Schutz anlegt, z. B. ein Kaninchen, Maulwurf, Murmeltier, Erdhörnchen oder Salamander.

Über diese Aussage war er ganz verdutzt. Wie es sich für einen Anwalt aber gehört, fasste er sich rasch wieder und meinte: „Ich ziehe meine Aussage vollumfänglich zurück. Es handelt sich im vorliegenden Fall um die Spuren einer Erdhörnchen-Familie." Außer in Trickfilmen hatte ich in meinem ganzen Leben noch nie ein Erdhörnchen gesehen. „Und woher wollen Sie das nun wieder wissen?", erkundigte ich mich. „Woher wollen Sie denn das Gegenteil wissen?", gab er schnippisch zurück.
Endlich meldete sich der Staatsanwalt zu Wort: „Meine Herren, als Erstes müssen wir doch klären, wer hier die Beweislast trägt." Er wandte sich zu mir: „Wie bitte ist das in den Golfregeln festgelegt?" Ich zuckte mit den Schultern. „So genau ist das nicht geregelt", erwiderte ich zögerlich, „es geht hier um eine Tatsachenfrage und ..." Bevor ich ausreden konnte, fiel

mir der Staatsanwalt bereits ins Wort. „Was?“, rief er ungläubig, „Nicht genau geregelt?“ Darauf geriet er total aus dem Häuschen und kritisierte, dass die Golfregeln demzufolge völlig unzureichend ausgestaltet seien, denn ohne ein solides Prozessrecht nütze das beste Gesetz nichts. Dann hielt er mir einen langen Vortrag über prozessrechtliche Grundsätze, Beweislastumkehr, Unschuldsvermutung und den Grundsatz der Proportionalität und schloss mit der Bemerkung: „Wenn ich die Golfregeln gemacht hätte, dann würden sie ganz anders lauten.“ Daran zweifelte ich nicht. Also holte ich etwas weiter aus: „Ein Grundsatz des Golfspiels besagt, dass der Ball gespielt werden soll, wie er liegt – es sei denn natürlich, die Regeln gestatten ausdrücklich etwas anderes. Wenn man sich also nicht sicher ist, so würde ich im Zweifelsfall dazu tendieren, den Ball einfach zu spielen, wie er liegt.“

Regel 13 Ball spielen wie er liegt

13-1 Allgemeines

Der Ball muss gespielt werden, wie er liegt, sofern die Regeln nichts anderes vorsehen.

Hierauf kritisierte Mauler, dass dies aber dem Grundsatz „Im Zweifel für den Angeklagten“ zuwiderlaufe und mit seinem Rechtsempfinden gar nicht vereinbar sei. Ich versuchte deshalb einen neuen Anlauf: „Der

Grundsatz ‚in dubio pro reo' gilt im Golf schon auch, doch mit einer sehr sinnvollen Einschränkung: Zuerst müssen berechtigte Anzeichen für das Vorliegen bestimmter Tatsachen bestehen, erst dann kann man zugunsten des Spielers entscheiden. Und da im vorliegenden Fall keine berechtigten Anzeichen für Erdhörnchen sprechen und darüber hinaus der Spieler Schenker auf äußerst unglaubwürdige Weise von Wildschweinen zu Erdhörnchen übergewechselt ist, scheint mir ein solches Vorgehen nicht vertretbar." Schenker sah das schließlich selbst ein und erklärte freiwillig, er wolle den Ball spielen, wie er liege, was er dann auch tat – wenn auch wenig erfolgreich: Er toppte seinen Ball, sodass der über das ganze Grün hinweg auf der anderen Seite geradewegs ins Rough flog.
Dort angekommen, mussten wir feststellen, dass der Ball um einen halben Meter im Aus gelandet war. Da Schenker sich anschickte, den Ball im Aus zu spielen, anstatt nach Regel 27 vorzugehen, half ich ihm auf die Sprünge: „Das ist Pech, jetzt müssen Sie nochmals aus demselben Bunker spielen und mit einem Strafschlag an der Stelle des letzten Schlags droppen."

Regel 27-1b) Ball im Aus

Ist ein Ball im Aus, so muss der Spieler mit einem Strafschlag einen Ball so nahe wie möglich der Stelle spielen, von der der ursprüngliche Ball zuletzt gespielt wurde (siehe Regel 20-5).

Regel 20-5 Nächsten Schlag von der Stelle des vorhergegangenen machen

Will oder muss ein Spieler seinen nächsten Schlag von dort machen, wo ein vorhergegangener Schlag gemacht worden war, so muss er folgendermaßen verfahren:

[...]

c) Im Hindernis: Der zu spielende Ball muss fallen gelassen werden [...]

Doch er machte sich noch immer nicht daran, den Ball aufzunehmen und zurückzugehen. Stattdessen schaute er mich an und machte eine Handbewegung, mit der er andeutete, dass der Ball doch bloß knapp im Aus lag. Ich zuckte lediglich mit den Schultern, denn es war im Golf schon immer so gewesen: Knapp daneben ist auch daneben. Dies verleitete Schenker einmal mehr zu der Bemerkung: „Also ich hätte mir den jetzt gegeben." Und als ich auch darauf nicht reagierte, bemerkte er etwas gereizt: „Sie sind aber schon sehr strikt." Zu guter Letzt belehrte er mich, dass es in der Jurisprudenz schließlich auch gewisse Spielräume gebe – er jedenfalls hätte bisher noch mit jedem Richter einen Kuhhandel abschließen können. Als Pflichtverteidiger war er bestimmt ausgezeichnet, in dem Augenblick wünschte ich mir jedoch, ich hätte zwei Apotheker im Flight.

GOLFREGELN

Regelregister

Der Regelführer für den Platz

– der praktische Regelführer im Taschenformat.

Golfregeln kompakt
Der praktische Regelführer zur Verwendung auf dem Platz
von Yves C. Ton-That,
48 Seiten, illustriert, plastifiziert und spiralisiert, Artigo Publishing International, 7. Auflage 2009,
ISBN 978-3-909596-15-7

Direkt bestellen unter
golfregeln.eu

Zum Schmunzeln

– ein nicht ganz ernst gemeinter Survival-Ratgeber.

Überleben auf dem Golfplatz
von Yves C. Ton-That,
64 Seiten, illustriert, gebunden,
Lappan Verlag/Artigo Publishing International, 5. Auflage 2009,
ISBN 978-3-8303-3064-6

Direkt bestellen unter
golfregeln.eu